新疆维吾尔自治区

农村公路工程标准施工招标文件

（2020 年版）

新疆维吾尔自治区交通运输厅　组织编写

新疆维吾尔自治区交通运输厅新交农路〔2020〕15号
自 2021 年 2 月 1 日起施行

人民交通出版社股份有限公司
北京

内 容 提 要

本书主要内容包括招标公告(投标邀请书)、投标人须知、评标办法、合同条款及格式、工程量清单、技术规范、工程量清单计量规则、投标文件格式等部分,适用于新疆维吾尔自治区依法必须进行招标的农村公路建设项目,其他农村公路建设项目可以参照执行。

本书适用于参与新疆农村公路建设管理的各级交通行政主管部门、参与农村公路招投标活动的招标代理机构及施工单位,以及与农村公路建设管理及招投标活动相关的人员。

图书在版编目(CIP)数据

新疆维吾尔自治区农村公路工程标准施工招标文件:
2020年版/新疆维吾尔自治区交通运输厅组织编写. —
北京:人民交通出版社股份有限公司,2021.4
ISBN 978-7-114-17092-8

Ⅰ.①新… Ⅱ.①新… Ⅲ.①农村道路—道路工程—
工程施工—招标—文件—新疆 Ⅳ.①U415.1

中国版本图书馆 CIP 数据核字(2021)第 029402 号

Xinjiang Weiwu'er Zizhiqu Nongcun Gonglu Gongcheng Biaozhun Shigong Zhaobiao Wenjian(2020 Nian Ban)

书　　名:	新疆维吾尔自治区农村公路工程标准施工招标文件(2020年版)
著　作　者:	新疆维吾尔自治区交通运输厅
责任编辑:	崔　建
出版发行:	人民交通出版社股份有限公司
地　　址:	(100011)北京市朝阳区安定门外外馆斜街3号
网　　址:	http://www.ccpcl.com.cn
销售电话:	(010)59757973
总 经 销:	人民交通出版社股份有限公司发行部
经　　销:	各地新华书店
印　　刷:	北京鑫正大印刷有限公司
开　　本:	880×1230　1/16
印　　张:	15.25
字　　数:	299千
版　　次:	2021年4月　第1版
印　　次:	2021年4月　第1次印刷
书　　号:	ISBN 978-7-114-17092-8
定　　价:	98.00元

(有印刷、装订质量问题的图书,由本公司负责调换)

关于印发《新疆维吾尔自治区农村公路工程标准施工招标文件》(2020年版)的通知

新交农路〔2020〕15号

伊犁哈萨克自治州交通运输局,各地、州、市交通运输局:

为加强农村公路工程施工招标管理,依据《中华人民共和国招标投标法》《中华人民共和国招标投标法实施条例》等法律法规,根据《公路工程建设项目招标投标管理办法》(交通运输部令2015年第24号)、《公路工程标准施工招标文件》(2018年版)等有关文件,结合我区农村公路建设实际,交通运输厅组织修编完成了《新疆维吾尔自治区农村公路工程标准施工招标文件》(2020年版),现予以发布,并就有关事项通知如下:

一、该招标文件自2021年2月1日起执行,《关于发布〈新疆农村公路工程标准施工招标文件〉的通知》(新交综〔2010〕54号)同时废止。

二、《新疆维吾尔自治区农村公路工程标准施工招标文件》(2020年版)适用于依法必须进行招标的农村公路建设项目,其他农村公路建设项目参照执行。

三、请各有关单位在实践中总结经验,及时将发现的问题和修改建议反馈新疆维吾尔自治区交通运输厅,以便修订时参考。

新疆维吾尔自治区交通运输厅
2020年12月31日

(新疆交通运输厅　闫小军　0991-5281064　13909912521)
(新疆公路工程造价管理局　员兰　13999216460)

抄送:厅有关领导,建设局,公路管理局,综合执法局,交投公司,造价局,厅办公室、政策法规处、综合规划处、建设管理处、公路管理处、农村公路管理处、财务处、安全监督处,存档。

新疆维吾尔自治区交通运输厅办公室	2020年12月31日印发

《新疆维吾尔自治区农村公路工程标准施工招标文件》
（2020 年版）

主 编 单 位：新疆维吾尔自治区交通运输厅
参 编 单 位：新疆维吾尔自治区公路工程造价管理局
　　　　　　华杰工程咨询有限公司
　　　　　　智诚达项目管理咨询有限公司
　　　　　　昌吉回族自治州交通运输局
　　　　　　和田地区交通运输局

审定委员会

主 任 委 员：李学东
副主任委员：艾山江·艾合买提　王永轩　郭　胜　高仙桂　郑明权
　　　　　　王廷武
委　　　员：段明社　孔令忠　叶　涛　潘林伍　陈建壮　孙宪魁
　　　　　　孙　进　阿合买江·尤努斯　李国华　孙泽强　时德明
　　　　　　刘茹吟　何利民　卢　栋　杨　华

编 写 人 员

主　　　编：张崇新　员　兰　袁　静　王德喜　闫小军
编 写 人 员：周欣弘　王　林　陈正国　华　磊　陈　鄂　李冠军
　　　　　　王贺利　穆莱·买买提　王顺明　胡振山　李淑玲
　　　　　　朱玉萍　王广平　安敏辉　柳海龙　胡雍晶　李明阳

使 用 说 明

一、为加强新疆维吾尔自治区农村公路工程施工招标管理，规范招标文件编制工作，新疆维吾尔自治区交通运输厅组织新疆维吾尔自治区公路工程造价管理局、华杰工程咨询有限公司和有关专家对《新疆农村公路工程标准施工招标文件》(2010年版)进行修订并经审定形成了《新疆维吾尔自治区农村公路工程标准施工招标文件》(2020年版)(以下简称《公路工程标准招标文件》)。

二、《公路工程标准招标文件》以国家九部委《标准施工招标文件》及交通运输部《公路工程标准施工招标文件》(2018年版)为基础，结合新疆维吾尔自治区农村公路工程施工招标特点和管理需要编制而成。

三、《公路工程标准招标文件》适用于依法必须进行招标的农村公路建设项目，其他农村公路建设项目参照执行。

四、招标人根据《公路工程标准招标文件》编制项目招标文件时，不得修改"投标人须知"正文和"评标办法"正文，但可在前附表中对"投标人须知"和"评标办法"进行补充、细化，补充和细化的内容不得与"投标人须知"和"评标办法"正文内容相抵触。

五、招标人在根据《公路工程标准招标文件》编制项目招标文件中的"项目专用合同条款"时，可根据招标项目的具体特点和实际需要，对"通用合同条款"进行补充、细化，除"通用合同条款"明确"专用合同条款"可作出不同约定外，补充和细化的内容不得与"通用合同条款"强制性规定相抵触。同时，补充、细化或约定的内容，不得违反法律、行政法规的强制性规定和平等、自愿、公平和诚实信用原则。

六、《公路工程标准招标文件》用相同序号标示的章、节、条、款、项、目，供招标人选择使用；以空格标示的部分，招标人应根据招标项目具体特点和实际需要进行填写，确实没有需要填写的，在空格中用"/"标示。

七、招标人按照《公路工程标准招标文件》第一章的格式发布招标公告或发出投标邀请书后,将实际发布的招标公告或实际发出的投标邀请书编入出售的招标文件中,作为招标文件的组成部分。其中,招标公告应同时注明发布的所有媒介名称。

八、《公路工程标准招标文件》第三章"评标办法"分别规定合理低价法、技术评分最低标价法和经评审的最低投标价法三种评标方法。公路工程施工招标评标,一般采用合理低价法或技术评分最低标价法。工程规模较小、技术含量较低的工程,可以采用经评审的最低投标价法。

第三章"评标办法"前附表应列明全部评审因素和评审标准,并在本章(前附表及正文)标明投标人不满足要求即导致否决投标的全部条款。

招标人选择适用技术评分最低标价法的,在满足第三章"评标办法"相关注释的前提下,各评审因素的评审标准和分值等由招标人根据项目特点和需要合理确定。

九、第五章"工程量清单"由招标人根据《公路工程标准招标文件》、招标项目具体特点和实际需要编制,并与"投标人须知""通用合同条款""专用合同条款""技术规范""工程量清单计量规则""图纸"相衔接。第五章所附表格可根据有关规定作相应的调整和补充。

十、第六章"图纸"由招标人根据《公路工程标准招标文件》、招标项目具体特点和实际需要编制,并与"投标人须知""通用合同条款""专用合同条款""技术规范"相衔接。

十一、第七章"技术规范"、第八章"工程量清单计量规则"由招标人根据《公路工程标准招标文件》、招标项目具体特点和实际需要编制。"技术规范"中的各项技术标准应符合国家强制性标准,不得要求或标明某一特定的专利、商标、名称、设计、原产地或生产供应者,不得含有倾向或排斥潜在投标人的其他内容。如果必须引用某一生产供应者的技术标准才能准确或清楚地说明拟招标项目的技术标准时,则应在参照后面加上"或相当于"字样。

十二、各使用单位或个人对《公路工程标准招标文件》的修改意见和建议,请及时反馈新疆维吾尔自治区交通运输厅。

目　录

第一章　招标公告 ··· 3
   1. 招标条件 ·· 3
   2. 项目概况与招标范围 ·· 3
   3. 投标人资格要求 ·· 3
   4. 招标文件的获取 ·· 4
   5. 投标文件的递交及相关事宜 ··· 4
   6. 发布公告的媒介 ·· 4
   7. 联系方式 ·· 5

第一章　投标邀请书（适用于邀请招标） ·· 6
   1. 招标条件 ·· 6
   2. 项目概况与招标范围 ·· 6
   3. 投标人资格要求 ·· 6
   4. 招标文件的获取 ·· 7
   5. 投标文件的递交及相关事宜 ··· 7
   6. 确认 ·· 7
   7. 联系方式 ·· 7
   附件　确认通知 ·· 9

第二章　投标人须知 ··· 13
   投标人须知前附表 ·· 13
      附录1　资格审查条件（资质最低条件） ······································· 19
      附录2　资格审查条件（财务最低要求） ······································· 19
      附录3　资格审查条件（业绩最低要求） ······································· 19
      附录4　资格审查条件（信誉最低要求） ······································· 19
      附录5　资格审查条件（项目经理和项目总工最低要求） ················ 20
   1. 总则 ·· 21
   2. 招标文件 ·· 24
   3. 投标文件 ·· 25
   4. 投标 ·· 31
   5. 开标 ·· 32
   6. 评标 ·· 34
   7. 合同授予 ·· 34
   8. 纪律和监督 ··· 36
   9. 是否采用电子招标投标 ··· 37
   10. 需要补充的其他内容 ·· 37
      附件一　开标记录表 ··· 38
      附件二　问题澄清通知 ·· 40
      附件三　问题的澄清 ··· 41

附件四 中标通知书	42
附件五 中标结果通知书	43
附件六 确认通知	44

第三章 评标办法(合理低价法) — 47
评标办法前附表 — 47
  1. 评标方法 — 51
  2. 评审标准 — 51
  3. 评标程序 — 51

第三章 评标办法(技术评分最低标价法) — 54
评标办法前附表 — 54
  1. 评标方法 — 58
  2. 评审标准 — 58
  3. 评标程序 — 58

第三章 评标办法(经评审的最低投标价法) — 62
评标办法前附表 — 62
  1. 评标方法 — 65
  2. 评审标准 — 65
  3. 评标程序 — 65

第四章 合同条款及格式 — 69
第一节 通用合同条款 — 71
一、适用条件 — 72
  1. 合同适用条件 — 72
  2. 合同文件及优先顺序 — 72
  3. 适用法律及规范 — 72
  4. 图纸和技术资料 — 73
二、双方一般义务和责任 — 73
  5. 发包人一般义务和责任 — 73
  6. 承包人一般义务和责任 — 74
三、施工组织计划和工期 — 77
  7. 进度计划 — 77
  8. 开工和延误 — 77
  9. 工期提前 — 78
  10. 暂停施工及复工 — 78
  11. 工程竣(交)工 — 79
四、质量与检验 — 80
  12. 工程质量与检验 — 80
五、施工安全、治安保卫与环境保护 — 82
  13. 施工安全、治安保卫 — 82
  14. 环境保护 — 83
  15. 事故处理 — 84
六、合同价款支付 — 84
  16. 合同价款支付 — 84
  17. 预付款 — 85

18. 计量与支付	85
七、试验和检验	87
19. 试验和检验	87
八、工程变更	88
20. 工程数量及价格的变更	88
九、缺陷责任	89
21. 缺陷责任及修复	89
十、违约、索赔和争议	90
22. 违约	90
23. 索赔	92
24. 争议	92
十一、其他	93
25. 转让与分包	93
26. 保险	93
27. 不利物质条件	94
28. 不可抗力后果及其处理	94
29. 文物	95
30. 违约赔偿	95
31. 承包人需遵循的其他规定和要求	96
第二节　专用合同条款	98
合同条款数据表	100
第三节　合同附件格式	102
附件一　合同协议书	103
附件二　廉政合同	105
附件三　安全生产合同	107
附件四　其他管理和技术人员最低要求	109
附件五　主要机械设备和试验检测设备最低要求	110
附件六　项目经理委任书	111
附件七　履约保证金格式	112
附件八　工程资金监管协议格式	113
第五章　工程量清单	117
1. 工程量清单说明	117
2. 投标报价说明	117
3. 工程量清单	119
第六章　图纸（另册）	131
第七章　技术规范	135
第八章　工程量清单计量规则	139
一、说明	139
二、计量规则	142
第九章　投标文件格式	173
投标文件（商务及技术文件）	175
目录	177
一、投标函及投标函附录	179

（一）投标函	179
（二）投标函附录	180
二、授权委托书或法定代表人身份证明	181
（一）授权委托书	181
（二）法定代表人身份证明	182
三、投标保证金	183
四、施工组织设计（适用于合理低价法和经评审的最低投标价法）	184
四、施工组织设计（适用于技术评分最低标价法）	185
五、项目管理机构	188
六、拟分包项目情况表	189
七、资格审查资料	190
（一）投标人基本情况表	190
（二）投标人企业组织机构框图	191
（三）近年财务状况	192
（四）近年完成的类似项目情况表	195
（五）投标人的信誉情况表	196
（六）拟委任的项目经理和项目总工资历表	198
八、其他资料	200
投标文件（报价文件）	201
目录	203
一、投标函	205
二、已标价的工程量清单	206
三、合同用款估算表	207
附件1　评标报告	209
附件2　采用电子招标投标条款示例	224

第一章 招标公告/投标邀请书

第一章 招标公告

_____（项目名称）_____标段施工招标公告[①]

1. 招标条件

本招标项目_____（项目名称）施工图设计已由_____（批准机关名称）以_____（批文名称及编号）批准建设，并已列入年度计划。项目业主为_____，建设资金来自_____（资金来源），招标人为_____。项目已具备招标条件，现对本项目的施工进行公开招标。

2. 项目概况与招标范围

2.1 项目概况

_____（说明本次招标项目的建设地点、规模、计划工期、招标范围、标段划分等）。

2.2 招标范围

招标范围包括路基工程、路面工程、桥梁涵洞工程、环保工程、路线交叉工程及交通安全设施工程等[②]。

3. 投标人资格要求

3.1 本次招标要求投标人须具备_____资质、_____业绩，并在人员、设备、资金等方面具有相应的施工能力。

3.2 本次招标不接受联合体投标。

3.3 具备公路工程施工总承包一级及以上资质的投标人应进入交通运输部"全国公路建设市场信用信息管理系统"中的公路工程施工资质企业名录，且投标人名称和资质与该名录中的相应企业名称和资质完全一致。具备公路工程施工总承包二级及以下

[①] 招标人应自招标文件开始发售之日起，将招标文件的关键内容上传至具有招标监督职责的交通运输主管部门政府网站或其指定的其他网站上进行公开，公开内容包括项目概况、对投标人的全部资格条件要求、评标办法全文、招标人联系方式等。招标人可将招标文件的关键内容全部载明在招标公告正文中，或作为招标公告的附件进行公开，或作为独立文件在网站上进行公开。

[②] 招标人可根据项目实际情况，另行确定招标范围。

资质的投标人须已被列入"新疆维吾尔自治区公路建设市场信用信息管理系统",且投标人名称和资质与系统中相应企业名称和资质完全一致。

3.4 每个投标人最多可对本项目____(具体数量)个标段投标,且允许中____个标段。

3.5 与招标人存在利害关系可能影响招标公正性的单位,不得参加投标。单位负责人为同一人或存在控股、管理关系的不同单位,不得参加同一标段投标,否则,相关投标均无效。

3.6 在"信用中国"网站(http://www.creditchina.gov.cn/)中被列入失信被执行人名单的投标人,不得参加投标。

4. 招标文件的获取

4.1 凡有意参加投标者,请于____年____月____日至____年____月____日[①],每日上午____时____分至____时____分,下午____时____分至____时____分(北京时间,下同),在_____(详细地址)持单位介绍信和经办人身份证购买招标文件。参加多个标段投标的投标人必须分别购买相应标段的招标文件,并对每个标段单独递交投标文件。

4.2 招标文件每套售价____元[②],图纸每套售价____元,售后不退[③]。

5. 投标文件的递交及相关事宜

5.1 招标人将于下列时间和地点组织进行工程现场踏勘并召开投标预备会。
踏勘现场时间:____年____月____日____时____分,集中地点:_____;
投标预备会时间:____年____月____日____时____分,地点:_____。

5.2 投标文件递交的截止时间(投标截止时间,下同)为____年____月____日____时____分[④],投标人应于当日____时____分至____时____分将投标文件递交至_____(详细地址)。

5.3 逾期送达的、未送达指定地点的或不按照招标文件要求密封的投标文件,招标人将予以拒收。

6. 发布公告的媒介

本次招标公告在中国招标投标公共服务平台或者项目所在地省级电子招标投标公

[①] 招标文件的发售时间不得少于5日。
[②] 招标文件中提到的货币单位除有特别说明外,均指人民币元。
[③] 每套招标文件售价只计工本费,最高不超过1000元(不含图纸部分);图纸每套售价最高不超过3000元。
[④] 依法必须进行招标的公路工程,自招标文件开始发售之日起至投标人递交投标文件截止时止,不得少于20日。

共服务平台发布①。

7. 联系方式

招 标 人：_____　　招标代理机构：_____
地　　址：_____　　地　　址：_____
邮政编码：_____　　邮政编码：_____
联 系 人：_____　　联 系 人：_____
电　　话：_____　　电　　话：_____
传　　真：_____　　传　　真：_____
电子邮件：_____　　电子邮件：_____

_____年____月____日

---

① 招标人可根据新疆维吾尔自治区或地州市有关部门要求，增加其他刊登公告媒介。

第一章 投标邀请书（适用于邀请招标）

_____（项目名称）_____标段施工投标邀请书

_____（被邀请单位名称）：

1. 招标条件

本招标项目_____（项目名称）施工图设计已由_____（批准机关名称）以_____（批文名称及编号）批准建设，并已列入年度计划。项目业主为_____，建设资金来自_____（资金来源），招标人为_____。项目已具备招标条件，现邀请你单位参加本项目_____标段施工投标。

2. 项目概况与招标范围

2.1 项目概况

_____（说明本次招标项目的建设地点、规模、计划工期、招标范围、标段划分等）。

2.2 招标范围

招标范围包括路基工程、路面工程、桥梁涵洞工程、环保工程、路线交叉工程及交通安全设施工程等[①]。

3. 投标人资格要求

3.1 本次招标要求投标人须具备_____资质、_____业绩，并在人员、设备、资金等方面具有相应的施工能力。

3.2 本次招标不接受联合体投标。

3.3 具备公路工程施工总承包一级及以上资质的投标人应进入交通运输部"全国公路建设市场信用信息管理系统"中的公路工程施工资质企业名录，且投标人名称和资质与该名录中的相应企业名称和资质完全一致。具备公路工程施工总承包二级及以下资质的投标人须已被列入"新疆维吾尔自治区公路建设市场信用信息管理系统"，且投标人名称和资质与系统中相应企业名称和资质完全一致。

---

① 招标人可根据项目实际情况，另行确定招标范围。

第一章 投标邀请书(适用于邀请招标)

3.4 与招标人存在利害关系可能影响招标公正性的单位,不得参加投标。单位负责人为同一人或存在控股、管理关系的不同单位,不得参加同一标段投标,否则,相关投标均无效。

3.5 在"信用中国"网站(http://www.creditchina.gov.cn/)中被列入失信被执行人名单的投标人,不得参加投标。

4. 招标文件的获取

4.1 请于____年____月____日至____年____月____日[①],每日上午____时____分至____时____分,下午____时____分至____时____分(北京时间,下同),在_____(详细地址)持本邀请书和单位介绍信、经办人身份证购买招标文件。参加多个标段投标的投标人必须分别购买相应标段的招标文件,并对每个标段单独递交投标文件。

4.2 招标文件每套售价_____元[②],图纸每套售价_____元,售后不退[③]。

5. 投标文件的递交及相关事宜

5.1 招标人将于下列时间和地点组织进行工程现场踏勘并召开投标预备会。
踏勘现场时间:____年____月____日____时____分,集中地点:_____;
投标预备会时间:____年____月____日____时____分,地点:_____。

5.2 投标文件递交的截止时间(投标截止时间,下同)为____年____月____日____时____分[④],投标人应于当日____时____分至____时____分将投标文件递交至_____(详细地址)。

5.3 逾期送达的、未送达指定地点的或不按照招标文件要求密封的投标文件,招标人将予以拒收。

6. 确认

你单位收到本邀请书后,请于____年____月____日____时____分前,以书面形式确认是否参加投标。在本邀请书规定的时间内未表示是否参加投标或明确表示不参加投标的,不得再参加投标。

7. 联系方式

招 标 人:_____   招标代理机构:_____

---

① 招标文件的发售时间不得少于5日。
② 招标文件中提到的货币单位除有特别说明外,均指人民币元。
③ 每套招标文件售价只计工本费,最高不超过1000元(不含图纸部分);图纸每套售价最高不超过3000元。
④ 依法必须进行招标的公路工程,自招标文件开始发售之日起至投标人递交投标文件截止时间止,不得少于20日。

地　　址：_____	地　　址：_____
邮政编码：_____	邮政编码：_____
联 系 人：_____	联 系 人：_____
电　　话：_____	电　　话：_____
传　　真：_____	传　　真：_____
电子邮件：_____	电子邮件：_____

____年 ___月 ___日

第一章 投标邀请书(适用于邀请招标)

附件 确认通知

确 认 通 知

_____(招标人名称):

  我方已于_____年____月____日收到你方_____年____月____日发出的_____(项目名称)____标段施工招标的投标邀请书,并确认_____(参加/不参加)投标。

  特此确认。

被邀请单位名称:_____(盖单位章)

_____年____月____日

第二章 投标人须知

第二章 投标人须知

投标人须知前附表[①]

条款号	条款名称	编列内容
1.1.2	招标人	名　称： 地　址： 联系人： 电　话：
1.1.3	招标代理机构	名　称： 地　址： 联系人： 电　话：
1.1.4	招标项目名称	
1.1.5	标段建设地点	详见招标文件第一章"招标公告"或"投标邀请书"
1.2.1	资金来源	详见招标文件第一章"招标公告"或"投标邀请书"
1.3.1	招标范围	详见招标文件第一章"招标公告"或"投标邀请书"
1.3.2	计划工期	详见招标文件第一章"招标公告"或"投标邀请书"
1.3.3	质量要求	标段工程交工验收的质量评定：_____ 竣工验收的质量评定：_____
1.3.4	安全目标[②]	各类生产安全责任事故死亡人数为零,不发生一般火灾事故
1.4.1	投标人资质条件、能力和信誉	资质要求：见附录1 财务要求：见附录2 业绩要求：见附录3 信誉要求：见附录4 项目经理和项目总工资格：见附录5
1.4.2	投标人不得存在的其他关联情形[③]	
1.4.3	投标人不得存在的其他不良状况或不良信用记录[④]	

[①] a. "投标人须知前附表"用于进一步明确正文中的未尽事宜,由招标人根据招标项目具体特点和实际需要编制和填写,但务必做到与招标文件中其他章节的衔接,并不得与本章正文内容相抵触。
b. "投标人须知前附表"中的附录表格同属"投标人须知前附表"内容,具有同等效力。
[②] 招标人可根据招标项目特点和实际需求,另行确定工程施工过程中针对人员安全目标要求。
[③] 招标人可根据项目特点,另行补充相关内容;若没有相关补充内容,此处填写"无"即可。
[④] 招标人可根据项目特点,另行补充相关内容;若没有相关补充内容,此处填写"无"即可。

续上表

条款号	条款名称	编列内容
1.10.2	投标人在投标预备会前提出问题	时间： 形式：
1.11.1	分　包	□不允许 □允许,允许分包的专项工程（或不允许分包的专项工程）①：_____ 对分包人的资格要求②：_____
2.1	构成招标文件的其他资料③	
2.2.1	投标人要求澄清招标文件④	时间：递交投标文件截止时间____天前 形式：书面
2.2.2	招标文件澄清发出的形式	书面
2.2.3	投标人确认收到招标文件澄清	时间：收到澄清后 24 小时内（以发出时间为准） 形式：书面
2.3.1	招标文件修改发出的形式	书面
2.3.2	投标人确认收到招标文件修改	时间：收到修改后 24 小时内（以发出时间为准） 形式：书面
3.1.1	构成投标文件的其他资料⑤	
3.2.1	工程量清单的填写方式	投标人按照招标人提供的工程量电子文件填写工程量清单（工程量固化清单由招标人或招标代理机构以邮件形式发送，或在指定的网站上下载） 投标人按照招标人提供的书面工程量清单填写工程量清单
3.2.4	报价方式	单价 总价
3.2.9	最高投标限价	无 有,最高投标限价____元⑥
3.2.10	投标报价的其他要求	
3.3.1	投标有效期	自投标人提交投标文件截止时间起计算____日

① 招标人可根据项目特点或自身需求,规定允许分包的专项工程,也可以选择规定不允许分包的专项工程。
② 如有允许分包的专项工程,应明确满足允许分包专项工程的资格条件。
③ 招标人可根据项目特点,另行补充相关内容;若没有相关补充内容,此处填写"无"即可。
④ 投标人要求澄清招标文件的时间至少应在递交投标文件截止时间15天前提出。
⑤ 招标人可根据项目特点,另行补充相关内容;若没有相关补充内容,此处填写"无"即可。
⑥ 招标人制定最高投标限价的,可以在招标文件中直接明确,也可以按照投标人须知2.2款和2.3款的规定,在投标文件递交截止时间15天前以补遗书的形式发布。

第二章 投标人须知

续上表

条款号	条款名称	编列内容
3.4.1	投标保证金	是否要求投标人递交投标保证金： 　要求，投标保证金的金额：＿＿＿＿＿＿① 　投标保证金可采用的其他形式：＿＿＿＿＿＿② 　招标人指定的开户银行及账号如下： 账户名称：＿＿＿＿＿＿ 开户银行：＿＿＿＿＿＿ 账　　号：＿＿＿＿＿＿ 采用银行保函时，出具保函的银行级别：应为国有商业银行或股份制银行的支行及其以上的银行 不要求
3.4.3(1)	投标保证金的利息计算原则	(1)计算利息的起始日期为投标截止当日，终止日期为招标人退还投标保证金日期的前一日； (2)投标保证金的利息按照第(1)款所述计息时间段内招标人指定汇入银行公告的活期存款利率计付，并扣除招标人汇款手续费； (3)利息金额计算至分位，分以下尾数四舍五入
3.4.3(2)	退还投标保证金的其他要求	补充以下内容： 若采用银行保函形式：中标候选人以外的投标人在本项目中标结果公告发布后5日内（中标候选人在招标人与中标人签订合同后5日内），投标人可办理投标保函（原件）的退还手续。在投标有效期满后，投标人仍未办理退还（领取）手续的，招标人将自行处置
3.4.4	其他不予退还投标保证金的情形	(3)投标人被查实有串通投标、弄虚作假、行贿等违法行为
3.5.1	信用信息管理系统	全国公路建设市场信用信息管理系统（适用于具备公路工程施工总承包一级及以上资质的投标人） 新疆维吾尔自治区公路建设市场信用信息管理系统（适用于具备公路工程施工总承包二级及以下资质的投标人）
3.5.2	近年财务状况的年份要求③	＿＿＿＿＿年至＿＿＿＿＿年
3.5.3	近年完成的类似项目的时间要求④	＿＿＿年＿＿月＿＿日至＿＿＿年＿＿月＿＿日

---

① 招标人可以根据新疆维吾尔自治区交通运输厅的相关规定，对新疆维吾尔自治区交通运输厅农村公路建设从业单位信用评价体系中信用等级高的投标人，给予减免投标保证金金额的优惠。在新疆维吾尔自治区交通运输厅农村公路建设从业单位信用评价体系建立之前，招标项目所在地地州市交通运输主管部门有信用评价结果的，可根据情况采用。
② 招标人不得强制限定投标保证金必须采用现金或支票方式缴纳，不得拒绝银行保函形式的投标保证金。
③ 招标人可以根据项目具体情况及自身需求，规定投标人提供财务状况的年份，一般不得超过3年。
④ 招标人可以根据项目具体情况及自身需求，规定投标人提供近年完成的类似项目业绩的年份，一般不得超过5年。

续上表

条款号	条款名称	编列内容
3.5.3 3.5.5	信用信息管理系统	全国公路建设市场信用信息管理系统(适用于具备公路工程施工总承包一级及以上资质的投标人) 省级交通运输主管部门公路建设市场信用信息管理系统(适用于具备公路工程施工总承包二级及以下资质的投标人)
3.6.4	投标文件副本份数及其他要求	投标文件副本份数:副本____份[①]; 是否要求提交电子版文件:U盘1个(至少包含按工程量固化清单要求形成的已填写完毕的已报价工程量清单电子文件); 其他要求:U盘与第二个信封一起包装
3.6.5	装订的其他要求[②]	
4.1.2	封套上应载明的信息	**投标文件第一个信封(商务及技术文件)封套:** 招标人名称:_____ 招标人地址:_____ _____(项目名称)____标段施工招标第一个信封(商务及技术文件)投标文件 招标项目编号:_____ 在____年__月__日__时__分前不得开启 投标人名称:_____ **投标文件第二个信封(报价文件)封套:** 招标人名称:_____ 招标人地址:_____ _____(项目名称)____标段施工招标第二个信封(报价文件)投标文件 招标项目编号:_____ 在投标文件第二个信封(报价文件)开标前不得开启 投标人名称:_____ 投标人地址:_____ **银行保函封套:** 招标人名称:_____ 招标人地址:_____ _____(项目名称)____标段施工招标投标保证金(银行保函原件) 招标项目编号:_____ 投标人名称:_____

---

① 招标人可根据需要确定投标人递交副本的份数。也可以考虑节约资源保护环境,减少要求投标人递交的副本份数,在招标文件中约定中标人中标后提交副本的份数。

② 招标人可以根据项目具体情况及自身需求,对投标文件的装订提出其他要求。

续上表

条款号	条款名称	编列内容
4.2.3	是否退还投标文件	否 是
5.1	开标时间和地点	投标文件第一个信封(商务及技术文件) 开标时间:同投标文件递交截止时间 开标地点:同递交投标文件地点
		投标文件第二个信封(报价文件) 开标时间:第一个信封评审完毕后另行通知 开标地点:第一个信封评审完毕后另行通知
5.2.1	第一个信封(商务及技术文件)开标程序	(4)密封情况检查:检查商务及技术文件是否存在提前开启情况; (5)开标顺序:按递交投标文件登记表中投标人的顺序进行开标
5.2.3	第二个信封(报价文件)开标程序	(4)密封情况检查:检查报价文件是否存在提前开启情况; (5)开标顺序:按递交投标文件登记表中投标人的顺序进行开标
6.1.1	评标委员会的组建	评标委员会构成:5人以上单数,由招标人代表与专家组成,其中技术、经济等方面的专家不得少于成员总数的三分之二; 评标专家确定方式:依法从农村公路工程评标专家库中随机抽取①
6.3.2	评标委员会推荐中标候选人的人数	3名(若不足3名取相应数量)
7.1	中标候选人公示媒介及期限②	公示媒介:同招标公告发布媒介 公示期限:____日 公示的其他内容:
7.4	是否授权评标委员会确定中标人	是 否
7.5	中标通知书和中标结果通知发出的形式	书面

---

① 招标人可以根据新疆维吾尔自治区交通运输厅的相关规定,决定从新疆维吾尔自治区交通运输厅或地州市农村公路工程评标专家库中随机抽取专家。

② 根据《中华人民共和国招标投标法实施条例》第五十四条规定,中标候选人公示期不得少于3日。

续上表

条款号	条款名称	编列内容
7.6	中标结果公告媒介及期限①	公告媒介:同招标公告发布媒介 公告期限:____日
7.7.1	履约保证金	是否要求中标人提交履约保证金: 　要求,履约保证金的形式:银行保函或现金、支票形式② 　履约保证金的金额:____%签约合同价③,被新疆维吾尔自治区交通运输厅农村公路建设从业单位信用评价评为____信用等级的中标人,履约保证金金额为____%签约合同价④ 　采用银行保函时,出具保函的银行级别:应为国有商业银行或股份制银行的支行及其以上的银行 不要求
8.5.1	监督部门	监督部门: 地　　址: 行政监督电话: 纪检监察电话: 邮政编码:
9	是否采用电子招标投标	否 是,具体要求:
需要补充的其他内容		

---

① 根据《招标公告和公示信息发布管理办法》(国家发展改革委2017年第10号令)第二条、第六条规定进行公告,公告期不少于3日。
② 招标人不得强制限定履约保证金必须采用现金或支票方式缴纳,不得拒绝银行保函形式的履约保证金。
③ 履约保证金不得超过签约合同金额的10%。
④ 招标人可以根据新疆维吾尔自治区交通运输厅的相关规定,对新疆维吾尔自治区交通运输厅农村公路建设从业单位信用评价体系中信用等级高的投标人,给予减少履约保证金金额的优惠。在新疆维吾尔自治区交通运输厅农村公路建设从业单位信用评价体系建立之前,招标项目所在地地州市交通运输主管部门有信用评价结果的,可根据情况采用。

第二章 投标人须知

附录

附录1 资格审查条件(资质最低条件)

标 段 号	施工企业资质等级要求
	同时具备： 1. 公路工程施工总承包____级资质或同时具备公路路基工程专业承包____级和公路路面工程专业承包____级资质①,……； 2. 有效的安全生产许可证。

注：资格审查条件(资质最低要求)具体要求详见投标人须知3.5.1项。

附录2 资格审查条件(财务最低要求)②

标 段 号	财 务 要 求
	1. 投标人近____年的年平均营业额不应小于____万元人民币③； 2. 提供的用于本标段的流动资金不小于____万元④； 3. 近____年度的流动资产与流动负债的比率均不得小于1。

注：资格审查条件(财务最低要求)具体要求详见投标人须知3.5.2项。

附录3 资格审查条件(业绩最低要求)⑤

标 段 号	业 绩 要 求
	1. 近____年至少独立完成过____个单个合同段里程长度不小于____公里____级及以上等级公路项目(须同时包含路基、路面工程)施工任务； 2. ……

注：资格审查条件(业绩最低要求)具体要求详见投标人须知3.5.3项。

附录4 资格审查条件(信誉最低要求)⑥

标 段 号	信 誉 要 求

---

① 招标人应根据项目实际情况,依据《建筑业企业资质标准》等规定制定满足项目实际情况的资质条件。
② 招标人可在满足国家相关法律法规前提下,根据项目具体特点和实际情况确定。如可对投标人近三年的平均营业额、流动比率、资产负债率、净资产等提出要求。
③ 年平均营业额最低标准一般为招标项目估算价/计划工期(月)×12个月。
④ 提供本标段的流动资金最低额度一般为招标项目估算价/计划工期(月)×3个月。
⑤ 业绩最低要求要根据项目的具体特点和实际情况制定。里程长度和公路等级应与招标项目情况相匹配,要求的年度及业绩个数由招标人自行考虑决定。
⑥ 招标人应在信誉要求中填写投标人须知1.4.3项要求之外的其他内容。

附录5 资格审查条件(项目经理和项目总工最低要求)[①]

标段号	人员	数量	资格要求	在岗要求
	项目经理	1	1. 持有住房和城乡建设部门颁发的公路工程专业____级及以上建造师注册证书,注册单位必须与投标人名称一致; 2. 持有有效的交通运输主管部门颁发的安全生产考核合格证书(B类); 3. ____年以上公路工程施工经验,至少担任过____个____级及以上等级公路工程项目的施工项目经理。	无在岗项目(指目前未在其他项目上任职,或虽在其他项目上任职但本项目中标后能够从该项目撤离)
	项目总工	1	1. 公路工程相关专业工程师及以上职称; 2. 持有有效的交通运输主管部门颁发的安全生产考核合格证书(B类); 3. ____年以上公路工程施工经验,至少担任过____个____级及以上等级公路工程项目的施工项目总工(或技术负责人)。	

注:资格审查条件(项目经理和项目总工最低要求)具体要求详见投标人须知3.5.5项。

[①] 招标人可在满足国家相关法律法规前提下,根据项目具体特点和实际情况确定。建造师注册证书等级根据招标项目的规模确定,项目经理和项目总工施工经验年限由招标人根据需求确定,要求的公路等级应与招标项目的公路等级相匹配。

1. 总则

1.1 项目概况

1.1.1 根据《中华人民共和国招标投标法》《中华人民共和国招标投标法实施条例》《公路工程建设项目招标投标管理办法》等有关法律、法规和规章的规定,本招标项目已具备招标条件,现对本标段施工进行招标。

1.1.2 本招标项目招标人:见投标人须知前附表。

1.1.3 本标段招标代理机构:见投标人须知前附表。

1.1.4 本招标项目名称:见投标人须知前附表。

1.1.5 本标段建设地点:见投标人须知前附表。

1.2 招标项目的资金来源

1.2.1 资金来源:见投标人须知前附表。

1.3 招标范围、计划工期、质量要求和安全目标

1.3.1 招标范围:见投标人须知前附表。

1.3.2 本标段的计划工期:见投标人须知前附表。

1.3.3 本标段的质量要求:见投标人须知前附表。

1.3.4 本标段的安全目标:见投标人须知前附表。

1.4 投标人资格要求

1.4.1 投标人应具备承担本标段施工的资质条件、能力和信誉。

(1)资质要求:见投标人须知前附表;

(2)财务要求:见投标人须知前附表;

(3)业绩要求:见投标人须知前附表;

(4)信誉要求:见投标人须知前附表;

(5)项目经理和项目总工资格:见投标人须知前附表。

需要提交的相关证明材料见本章第3.5款的规定。

1.4.2 投标人不得与本标段相关单位存在下列关联关系:

(1)为招标人不具有独立法人资格的附属机构(单位);

(2)与招标人存在利害关系且可能影响招标公正性;

(3)与本标段的其他投标人同为一个单位负责人;

(4)与本标段的其他投标人存在控股、管理关系;

(5)为本标段前期准备提供设计或咨询服务的法人或其任何附属机构(单位);

(6)为本标段的监理人;

(7)为本标段的代建人;

（8）为本标段的招标代理机构；

（9）与本标段的监理人或代建人或招标代理机构同为一个法定代表人；

（10）与本标段的监理人或代建人或招标代理机构存在控股或参股关系；

（11）法律法规或投标人须知前附表规定的其他情形。

1.4.3 投标人不得存在下列不良状况或不良信用记录：

（1）被地州市及以上交通运输主管部门取消招标项目所在地的投标资格且处于有效期内；

（2）被责令停业，暂扣或吊销执照，或吊销资质证书；

（3）进入清算程序，或被宣告破产，或其他丧失履约能力的情形；

（4）在国家企业信用信息公示系统（http://www.gsxt.gov.cn/）中被列入严重违法失信企业名单；

（5）在"信用中国"网站（http://www.creditchina.gov.cn/）中被列入失信被执行人名单；

（6）投标人或其法定代表人、拟委任的项目经理在近三年内有行贿犯罪行为的；

（7）法律法规或投标人须知前附表规定的其他情形。

1.4.4 投标人具备公路工程施工总承包一级及以上资质的应进入交通运输部"全国公路建设市场信用信息管理系统"中的公路工程施工资质企业名录，且投标人名称和资质与该名录中的相应企业名称和资质完全一致。投标人具备公路工程施工总承包二级及以下资质的须已被列入"新疆维吾尔自治区公路建设市场信用信息管理系统"，且投标人名称和资质与系统中相应企业名称和资质完全一致。投标人不满足本项规定条件的，将被否决投标。

1.5 费用承担

投标人在准备和参加投标活动中发生的费用自理。

1.6 保密

参与招标投标活动的各方应对招标文件和投标文件中的商业和技术等秘密保密，否则应承担相应的法律责任。

1.7 语言文字

招标投标文件使用的语言文字为中文。专用术语使用外文的，应附有中文注释。

1.8 计量单位

所有计量均采用中华人民共和国法定计量单位。

1.9 踏勘现场

1.9.1 第一章"招标公告"或"投标邀请书"规定组织踏勘现场的，招标人按规定的时间、地点组织投标人踏勘项目现场。部分投标人未按时参加踏勘现场的,不影响踏勘现场的正常进行。招标人不得组织单个或部分投标人踏勘项目现场。

1.9.2 投标人踏勘现场发生的费用自理。

1.9.3 除招标人的原因外,投标人自行负责在踏勘现场中所发生的人员伤亡和财产损失。

1.9.4 招标人在踏勘现场中介绍的工程场地和相关的周边环境情况,供投标人在编制投标文件时参考,招标人不对投标人据此作出的判断和决策负责。

1.9.5 招标人提供的本合同工程的水文、地质、气象和料场分布、取土场、弃土场位置等参考资料,并不构成合同文件的组成部分,投标人应对自己就上述资料的解释、推论和应用负责,招标人不对投标人据此作出的判断和决策承担任何责任。

1.10 投标预备会[①]

1.10.1 第一章"招标公告"或"投标邀请书"规定召开投标预备会的,招标人按规定的时间和地点召开投标预备会,澄清投标人提出的问题。

1.10.2 投标人应按投标人须知前附表规定的时间和形式将提出的问题送达招标人,以便招标人在会议期间澄清。

1.10.3 投标预备会后,招标人将对投标人所提问题的澄清,以本章第2.2款规定的形式通知所有购买招标文件的投标人。该澄清内容为招标文件的组成部分。

1.11 分包

1.11.1 投标人拟在中标后将中标项目的部分非主体、非关键性工作进行分包的,应符合以下规定:

(1)分包内容要求:允许分包的工程范围仅限于非关键性工程或适合专业化队伍施工的专项工程。招标人允许分包或不允许分包的专项工程(如有)应在投标人须知前附表中载明。

(2)接受分包的第三人资格要求:分包人的资格能力应与其分包工程的标准和规模相适应,且具备投标人须知前附表中规定的资格条件。

(3)其他要求:投标人如有分包计划,应按第九章"投标文件格式"的要求填写"拟分包项目情况表",明确拟分包的工程及规模,且投标人中标后的分包应满足合同条款第25条的相关要求。

1.11.2 中标人不得向他人转让中标项目,接受分包的人不得再次分包。中标人应就分包项目向招标人负责,接受分包的人就分包项目承担连带责任。

1.12 响应和偏差

1.12.1 投标文件偏离招标文件某些要求,视为投标文件存在偏差。偏差包括重

---

① 为使投标人有充足时间阅读招标文件,投标预备会的时间应与招标文件发售的时间有一定的间隔。

大偏差和细微偏差。

1.12.2 投标文件应对招标文件的实质性要求和条件作出满足性或更有利于招标人的响应,否则,视为投标文件存在重大偏差,投标人的投标将被否决。

投标文件存在第三章"评标办法"中所列任一否决投标情形的,均属于存在重大偏差。

1.12.3 投标文件中的下列偏差为细微偏差:

(1)施工组织设计(含关键工程技术方案)和项目管理机构不够完善。

(2)投标文件页码不连续、采用活页夹装订、个别文字有遗漏错误等不影响投标文件实质性内容的偏差。

1.12.4 评标委员会对投标文件中的细微偏差按如下规定处理:

(1)对于本章第1.12.3项(1)目所述的细微偏差,如果采用合理低价法或经评审的最低投标价法评标,应要求投标人对细微偏差进行澄清,只有投标人的澄清文件被评标委员会接受,投标人才能参加评标价的最终评比。如果采用技术评分最低标价法评标,可在相关评分因素的评分中酌情扣分。

(2)对于本章第1.12.3项(2)目所述的细微偏差,可要求投标人对细微偏差进行澄清。

1.12.5 投标人应根据招标文件的要求提供施工组织设计等内容以对招标文件作出响应。

2. 招标文件

2.1 招标文件的组成

本招标文件包括:
(1)招标公告(或投标邀请书);
(2)投标人须知;
(3)评标办法;
(4)合同条款及格式;
(5)工程量清单;
(6)图纸;
(7)技术规范;
(8)工程量清单计量规则;
(9)投标文件格式;
(10)投标人须知前附表规定的其他资料。

根据本章第1.10款、第2.2款和第2.3款对招标文件所作的澄清、修改,构成招标文件的组成部分。

当招标文件、招标文件的澄清或修改等在同一内容的表述上不一致时,以最后发出的书面文件为准。

2.2 招标文件的澄清

2.2.1 投标人应仔细阅读和检查招标文件的全部内容。如发现缺页或附件不全，应及时向招标人提出，以便补齐。如有疑问，应按投标人须知前附表规定的时间和形式将提出的问题送达招标人，要求招标人对招标文件予以澄清。

2.2.2 招标文件的澄清以投标人须知前附表规定的形式发给所有购买招标文件的投标人，但不指明澄清问题的来源。澄清发出的时间距本章第4.2.1项规定的投标截止时间不足15日，且澄清内容可能影响投标文件编制的，将相应延长投标截止时间。

2.2.3 投标人在收到澄清后，应按投标人须知前附表规定的时间和形式通知招标人，确认已收到该澄清。

2.2.4 除非招标人认为确有必要答复，否则，招标人有权拒绝回复投标人在本章第2.2.1项规定的时间后提出的任何澄清要求。

2.3 招标文件的修改

2.3.1 招标人以投标人须知前附表规定的形式修改招标文件，并通知所有已购买招标文件的投标人。修改招标文件的时间距本章第4.2.1项规定的投标截止时间不足15日，且修改内容可能影响投标文件编制的，将相应延长投标截止时间。

2.3.2 投标人收到修改内容后，应按投标人须知前附表规定的时间和形式通知招标人，确认已收到该修改。

2.4 招标文件的异议

投标人或其他利害关系人对招标文件有异议的，应在投标截止时间10日前以书面形式提出。招标人将在收到异议之日起3日内作出答复；作出答复前，将暂停招标投标活动。

3. 投标文件

3.1 投标文件的组成

3.1.1 投标文件应包括下列内容：
第一个信封（商务及技术文件）：
（1）投标函及投标函附录；
（2）授权委托书或法定代表人身份证明；
（3）投标保证金；
（4）施工组织设计；
（5）项目管理机构；
（6）拟分包项目情况表；

(7)资格审查资料；

(8)投标人须知前附表规定的其他资料。

第二个信封(报价文件)：

(1)投标函；

(2)已标价工程量清单(含工程量固化清单电子文件)；

(3)合同用款估算表。

投标人在评标过程中作出的符合法律法规和招标文件规定的澄清确认，构成投标文件的组成部分。

3.1.2 投标人须知前附表未要求提交投标保证金的，投标文件不包括本章第3.1.1(3)目所指的投标保证金。

3.2 投标报价

3.2.1 投标报价应包括国家规定的增值税税金，除投标人须知前附表另有规定外，发票类型要求为增值税专用发票。投标人应按第九章"投标文件格式"的要求在投标函中进行报价并填写工程量清单相应表格。

本项目招标采用工程量固化清单，招标人在出售招标文件的同时向投标人提供工程量固化清单电子文件，或将工程量固化清单电子文件上传至投标人须知前附表载明的网站供投标人自行下载。投标人填写工程量清单中各子目的单价及总额价，即可完成投标工程量清单的编制，确定投标报价，并打印出投标工程量清单，编入投标文件。投标人未在工程量清单中填入单价或总额价的工程子目，将被认为其已包含在工程量清单其他子目的单价和总额价中，招标人将不予支付。

投标人必须严格遵循工程量固化清单电子文件中的数据、格式及运算定义，并将已填写完毕的投标工程量清单电子文件单独拷入光盘(或U盘)中密封在投标文件内一并交回。严禁投标人修改工程量固化清单电子文件中的数据、格式及运算定义。

投标人根据招标人提供的工程量固化清单电子文件填报完成并打印的投标工程量清单中的投标报价和投标函大写金额报价应一致，如果报价金额出现差异，其投标将被否决。

3.2.2 工程中涉及的工程一切险和第三方责任险等保险由投标人中标后自行投保，保险费包含在所报的单价或总额价中。

3.2.3 投标人应充分了解本项目的总体情况以及影响投标报价的其他要素。

3.2.4 本项目的报价方式见投标人须知前附表。投标人在投标截止时间前修改投标函中的投标总报价，应同时修改投标文件"已标价工程量清单"中的相应报价。此修改须符合本章第4.3款的有关要求。

3.2.5 投标人如果发现工程量清单中的数量与图纸中数量不一致时，应立即通知招标人核查，除非招标人以书面方式予以更正，否则，应以工程量清单中列出的数量为准。

3.2.6 投标人应根据《公路水运工程安全生产监督管理办法》,在投标总价中计入安全生产费用,安全生产费用应符合合同条款第 13.2(6)项的规定。工程量清单第 100 章内列有上述安全生产费的支付子目,由投标人按招标文件的规定填写总额价。

3.2.7 招标人不接受调价函。

3.2.8 在合同实施期间,投标人填写的单价、合价和总额价不会由于物价波动进行价格调整,法律变化引起的价格调整除外。

3.2.9 招标人设有最高投标限价的,投标人的投标报价不得超过最高投标限价,最高投标限价在投标人须知前附表中载明。

3.2.10 投标报价的其他要求见投标人须知前附表。

3.3 投标有效期

3.3.1 除投标人须知前附表另有规定外,投标有效期为 90 日。

3.3.2 在投标有效期内,投标人撤销投标文件的,应承担招标文件和法律规定的责任。

3.3.3 出现特殊情况需要延长投标有效期的,招标人以书面形式通知所有投标人延长投标有效期。投标人应予以书面答复,同意延长的,应相应延长其投标保证金的有效期,但不得要求或被允许修改其投标文件;投标人拒绝延长的,其投标失效,但投标人有权收回其投标保证金及以现金或支票形式递交的投标保证金的银行同期活期存款利息。

3.4 投标保证金

3.4.1 投标人在递交投标文件的同时,应按投标人须知前附表规定的金额[①]和第九章"投标文件格式"规定的投标保证金格式递交投标保证金,并作为其投标文件的组成部分。投标保证金应采用现金、支票、银行保函或招标人在投标人须知前附表规定的其他形式。

(1)若采用现金或支票,投标人应在递交投标文件截止时间之前,将投标保证金由投标人的基本账户转入招标人指定账户,否则视为投标保证金无效。招标人指定的开户银行及账号见投标人须知前附表。

(2)若采用银行保函,则应由符合投标人须知前附表规定级别的银行开具,并采用招标文件提供的格式。银行保函复印件装订在投标文件内,原件应在递交投标文件截止时间之前单独密封递交给招标人。

无论采取何种形式的投标保证金,投标保证金有效期均应与投标有效期一致。招标人如果按本章第 3.3.3 项的规定延长了投标有效期,则投标保证金的有效期也相应延长。

3.4.2 投标人不按本章第 3.4.1 项要求提交投标保证金的,评标委员会将否决其

---

① 投标保证金不得超过标段估算价的 2%,招标人应据此测算出具体金额。

投标。

3.4.3 招标人最迟将在中标通知书发出后5日内向中标候选人以外的其他投标人退还投标保证金,与中标人签订合同后5日内向中标人和其他中标候选人退还投标保证金。投标保证金以现金或支票形式递交的,招标人应同时退还投标保证金的银行同期活期存款利息,且退还至投标人的基本账户。

利息计算原则见投标人须知前附表。

3.4.4 有下列情形之一的,投标保证金将不予退还:

(1)投标人在投标有效期内撤销投标文件;

(2)中标人在收到中标通知书后,无正当理由不与招标人订立合同,在签订合同时向招标人提出附加条件,或不按照招标文件要求提交履约保证金;

(3)发生投标人须知前附表规定的其他不予退还投标保证金的情形。

3.5 资格审查资料

除投标人须知前附表另有规定外,投标人应按下列规定提供资格审查资料,以证明其满足本章第1.4款规定的资质、财务、业绩、信誉等要求。

3.5.1 "投标人基本情况表"应附统一社会信用代码的营业执照副本、施工资质证书副本、安全生产许可证副本、基本账户开户许可证(对不再核发基本账户开户许可证地区的投标人可不提供基本账户开户许可证,但应提供当地人民银行分支机构的备案材料,备案材料应真实反映投标人的账户名称、账号、开户行名称等基本账户信息)的复印件[①],投标人在投标人须知前附表3.5.1项规定的"信用信息管理系统"公路工程施工资质企业名录中的网页截图复印件,以及投标人在国家企业信用信息公示系统中基础信息(体现股东及出资详细信息)的网页截图复印件。

统一社会信用代码的营业执照副本、施工资质证书副本、安全生产许可证副本、基本账户开户许可证(或备案材料)的复印件应提供全本(证书封面、封底、空白页除外),应包括投标人名称、投标人其他相关信息、颁发机构名称、投标人信息变更情况等关键页在内,并逐页加盖投标人单位章。

3.5.2 "财务状况表"应附经会计师事务所或审计机构审计的财务会计报表,包括资产负债表、现金流量表、利润表和财务情况说明书的复印件,具体年份要求见投标人须知前附表。投标人的成立时间少于投标人须知前附表规定年份的,应提供成立以来的财务状况表。

为了避免投标人中标后因流动资金不足影响工程施工的情况发生,招标人根据招标项目具体特点和实际情况,在本章第1.4.1(2)目所要求的财务资格审查条件中设定流动资金的财务强制性要求。对于流动资金的财务强制性要求,投标人可采用以下任一方式提供:①银行信贷证明;②流动资金承诺函;③银行信贷证明+流动资金承诺函。

[①] 招标文件中要求投标人提供的各类证照复印件均指彩色扫描件或彩色复印件,其他资料的复印件可为黑白扫描件或黑白复印件。

但上述任一方式提供的流动资金总额度不得小于财务资格审查条件所要求的流动资金额度。

（1）若投标人提供了银行信贷证明，则应满足以下要求：

a. 允许投标人实际开具的银行信贷证明的格式与第九章"投标文件格式"中提供的格式有所不同，但不得更改招标文件提供的银行信贷证明格式中的实质性内容；

b. 银行信贷证明须加盖银行的单位章，且银行负责人或其授权代理人应亲笔签名，不得使用印章、签名章或其他电子制版签名，否则，视为无效（银行负责人指加盖单位章所在银行的负责人；如银行负责人授权他人办理，须在投标文件中出具授权委托书）；

c. 银行信贷证明原件应装订在投标文件的正本之中，随投标文件一起递交；

d. 银行信贷证明的有效期限不得早于标段计划交工时间；

e. 出具银行信贷证明的银行级别必须为国有商业银行或股份制商业银行的支行及其以上级别银行，否则视为无效；

f. 不同标段必须分别开具银行信贷证明。

（2）若投标人提供了流动资金承诺函，则应满足以下要求：

a. 投标人所提供的流动资金承诺函格式须与第九章"投标文件格式"中提供的格式一致，不得更改招标文件提供的流动资金承诺函格式；

b. 流动资金承诺函须加盖投标人的单位章，且法定代表人或委托代理人应亲笔签名，不得使用印章、签名章或其他电子制版签名代替；

c. 流动资金承诺函原件应装订在投标文件的正本之中，随投标文件一起递交；

d. 流动资金承诺函的有效期限不得早于标段计划交工时间；

e. 不同标段必须分别提供流动资金承诺函。

3.5.3 "近年完成的类似项目"应是已列入投标人须知前附表3.5.3项规定的"信用信息管理系统"并公开的主包已建业绩或分包已建业绩，具体时间要求见投标人须知前附表。

"近年完成的类似项目情况表"应附投标人须知前附表3.5.3项规定的"信用信息管理系统"中查询到的企业"业绩信息"相关项目网页截图复印件，即包括"项目名称""标段类型""合同价""主要工程量""项目主要管理人员"等栏目在内的项目详细信息网页截图复印件。除网页截图复印件外，投标人无须再提供任何业绩证明材料。

资格审查条件（业绩最低要求）所要求的标段建设里程长度以投标人须知前附表3.5.3项规定相应的"信用信息管理系统"中记录的数据信息为准。若相应的"信用信息管理系统"中未反映标段里程长度（km），则以标段起止桩号推定的里程长度作为评审依据。

资格审查条件（业绩最低要求）所要求的主要工程量（是否包含路基、路面工程）中，路基工程是指工程内容至少包含路基土石方、桥梁或涵洞等工程内容之一，路面工程是指工程内容至少包括路面底基层（或垫层）、基层或面层等工程内容之一。单个公路项目（标段）完成的工程内容中同时包含了路基工程、路面工程的，评审时可分别认定路基工程、路面工程的公路工程施工业绩。

如投标人未提供相关项目网页截图复印件或相关项目网页截图中的信息无法证实投标人满足招标文件规定的资格审查条件（业绩最低要求），则该项目业绩不予认定。

3.5.4 "投标人的信誉情况表"应附投标人在国家企业信用信息公示系统中未被列入严重违法失信企业名单、在"信用中国"网站中未被列入失信被执行人名单的网页截图复印件，填写"投标无行贿犯罪记录承诺函"，对投标人、法定代表人、拟委任的项目经理近三年无行贿犯罪行为进行承诺。

3.5.5 "拟委任的项目经理和项目总工资历表"应附项目经理和项目总工的身份证、职称资格证书以及资格审查条件所要求的其他相关证书（如建造师注册证书、安全生产考核合格证书等）的复印件，建造师注册证书、安全生产考核合格证书在政府相关部门网站上公开信息的网页截图复印件，以及投标人在社保系统打印的能够证明拟委任的项目经理和项目总工参加社保的本单位人员缴费明细材料复印件。

"拟委任的项目经理和项目总工资历表"还应附投标人须知前附表 3.5.5 项规定的"信用信息管理系统"中载明的、能够证明项目经理和项目总工具有相关业绩的网页截图复印件。除网页截图复印件外，投标人无须再提供任何业绩证明材料。如投标人未提供相关业绩网页截图复印件或相关业绩网页截图中的信息无法证实投标人满足招标文件规定的资格审查条件（项目经理和项目总工最低要求），则该业绩不予认定。

如项目经理或项目总工目前仍在其他项目上任职，则投标人应提供承诺上述人员能够从该项目撤离的承诺函。

公路工程相关专业职称包括公路工程、桥梁工程、公路与桥梁工程、交通土建、隧道（地下结构）工程、交通工程等专业职称。

3.5.6 除合同条款约定的特殊情形外，投标人在投标文件中填报的项目经理和项目总工不允许更换。

3.5.7 投标人在投标文件中填报的资质、业绩、主要人员资历和目前在岗情况、信用等级等信息，应与其在投标人须知前附表规定的"信用信息管理系统"上填报并发布的相关信息一致。投标人应根据本单位实际情况及时完成相关信息的申报、录入和动态更新，并对相关信息的真实性、完整性和准确性负责。

3.5.8 招标人有权核查投标人在投标文件中提供的资料，若在评标期间发现投标人提供了虚假资料，其投标将被否决；若在签订合同前发现作为中标候选人的投标人提供了虚假资料，招标人有权取消其中标资格；若在合同实施期间发现投标人提供了虚假资料，招标人有权从工程支付款或履约保证金中扣除不超过 10%签约合同价的金额作为违约金。同时招标人将投标人上述弄虚作假行为上报省级交通运输主管部门，作为不良记录纳入公路建设市场信用信息管理系统。

3.6 投标文件的编制

3.6.1 投标文件应按第九章"投标文件格式"进行编写，如有必要，可以增加附页，作为投标文件的组成部分。其中,投标文件在满足招标文件实质性要求的基础上,可以提出比招标文件要求更有利于招标人的承诺。

3.6.2 投标文件应对招标文件有关工期、投标有效期、质量要求、安全目标、技术标准和要求、招标范围等实质性内容作出响应。

3.6.3 投标文件应用不褪色的材料书写或打印。投标文件格式中明确要求投标人法定代表人或其委托代理人签字之处,必须由相关人员亲笔签名,不得使用印章、签名章或其他电子制版签名代替;明确要求投标人加盖单位章之处,必须加盖单位章。其中,投标函及对投标文件的澄清和说明应加盖投标人单位章,或由投标人的法定代表人或其委托代理人签字。

如果投标文件由委托代理人签署,则投标人须提交授权委托书,授权委托书应按第九章"投标文件格式"的要求出具,并由法定代表人和委托代理人亲笔签名,不得使用印章、签名章或其他电子制版签名代替。

如果由投标人的法定代表人亲自签署投标文件,则投标人须提交法定代表人身份证明,身份证明应符合第九章"投标文件格式"的要求。

投标文件应尽量避免涂改、行间插字或删除。如果出现上述情况,改动之处应由投标人的法定代表人或其授权的代理人签字或盖单位章。

3.6.4 投标文件正本一份,副本份数见投标人须知前附表。正本和副本的封面右上角上应清楚地标记"正本"或"副本"字样。投标人应根据投标人须知前附表要求提供电子版文件。当副本和正本不一致或电子版文件和纸质正本文件不一致时,以纸质正本文件为准。

3.6.5 投标文件的正本与副本应分别装订成册(A4纸幅),编制目录并逐页标注连续页码。投标文件不得采用活页夹装订,否则,招标人对由于投标文件装订松散而造成的丢失或其他后果不承担任何责任。装订的其他要求见投标人须知前附表。

4. 投标

4.1 投标文件的密封和标识

4.1.1 投标文件应采用双信封形式密封。投标文件第一个信封(商务及技术文件)以及第二个信封(报价文件)应单独密封包装。商务及技术文件的正本与副本应统一密封在一个封套中。报价文件的正本与副本、投标文件电子版文件以及填写完毕的工程量固化清单电子文件应统一密封在另一个封套中。封套应加贴封条,并在封套的封口处加盖投标人单位章或由投标人的法定代表人或其委托代理人签字。

采用银行保函形式提交投标保证金的,银行保函原件应密封在单独的封套中。

4.1.2 投标文件第一个信封(商务及技术文件)、第二个信封(报价文件)以及银行保函封套上应写明的内容见投标人须知前附表。

4.1.3 未按本章第4.1.1项要求密封的投标文件,招标人将予以拒收。

4.2 投标文件的递交

4.2.1 投标人应在第一章"招标公告"或"投标邀请书"规定的投标截止时间前递交投标文件。

4.2.2 投标人递交投标文件的地点：见第一章"招标公告"或"投标邀请书"。

4.2.3 除投标人须知前附表另有规定外，投标人所递交的投标文件不予退还。投标人少于3个的，投标文件当场退还给投标人。

4.2.4 招标人收到投标文件后，向投标人出具签收凭证。

4.2.5 逾期送达的或未送达指定地点的投标文件，招标人将予以拒收。

4.3 投标文件的修改与撤回

4.3.1 在本章第4.2.1项规定的投标截止时间前，投标人可以修改或撤回已递交的投标文件，但应以书面形式通知招标人。

4.3.2 投标人修改或撤回已递交投标文件的书面通知应按照本章第3.6.3项的要求签字或盖章。招标人收到书面通知后，向投标人出具签收凭证。

4.3.3 投标人撤回投标文件的，招标人自收到投标人书面撤回通知之日起5日内退还已收取的投标保证金。

4.3.4 修改的内容为投标文件的组成部分。修改的投标文件应按照本章第3条、第4条的规定进行编制、密封、标记和递交，并标明"修改"字样。

5. 开标

5.1 开标时间和地点

招标人在本章第4.2.1项规定的投标截止时间（开标时间）和投标人须知前附表规定的地点对收到的投标文件第一个信封（商务及技术文件）公开开标，并邀请所有投标人的法定代表人或其委托代理人准时参加。

招标人在投标人须知前附表规定的时间和地点对投标文件第二个信封（报价文件）公开开标，并邀请所有投标人的法定代表人或其委托代理人准时参加。

投标人若未派法定代表人或委托代理人出席开标活动，视为该投标人默认开标结果。

5.2 开标程序

5.2.1 主持人按下列程序对投标文件第一个信封（商务及技术文件）进行开标：
(1) 宣布开标纪律；
(2) 公布在投标截止时间前递交投标文件的投标人数量；
(3) 宣布开标人、唱标人、记录人等有关人员姓名；
(4) 按照投标人须知前附表规定由投标人推选的代表检查投标文件的密封情况；

(5)按照投标人须知前附表规定的开标顺序当众开标,公布标段名称、投标人名称、投标保证金的递交情况、工期及其他内容,并记录在案;

(6)投标人代表、招标人代表、记录人等有关人员在开标记录上签字确认;

(7)开标结束。

5.2.2 在投标文件第一个信封(商务及技术文件)开标现场,投标文件第二个信封(报价文件)不予开封,由招标人密封保存。

5.2.3 招标人将按照本章第5.1款规定的时间和地点对投标文件第二个信封(报价文件)进行开标。主持人按下列程序进行开标:

(1)宣布开标纪律;

(2)当众拆开投标文件第一个信封(商务及技术文件)评审结果的密封袋,宣布通过投标文件第一个信封(商务及技术文件)评审的投标人名单;

(3)宣布开标人、唱标人、记录人等有关人员姓名;

(4)按照投标人须知前附表规定由投标人推选的代表检查投标文件的密封情况;

(5)按照投标人须知前附表规定的开标顺序当众开标,开标人只拆封通过投标文件第一个信封(商务及技术文件)评审的投标文件第二个信封(报价文件),公布标段名称、投标人名称、投标报价及其他内容,并记录在案;

(6)计算并宣布评标基准价;

(7)将未通过投标文件第一个信封(商务及技术文件)评审的投标文件第二个信封(报价文件)退还给投标人;

(8)投标人代表、招标人代表、记录人等有关人员在开标记录上签字确认;

(9)开标结束。

5.2.4 若采用合理低价法,在投标文件第二个信封(报价文件)开标现场,招标人将按第三章"评标办法"规定的原则计算并宣布评标基准价。若招标人发现投标文件出现以下任一情况,其投标报价将不再参加评标基准价的计算:

(1)未在投标函上填写投标总价;

(2)投标报价中的报价超出招标人公布的最高投标限价(如有);

(3)投标报价中报价的大写金额无法确定具体数值;

(4)投标函上填写的标段号与投标文件封套上标记的标段号不一致。

如果投标人认为某一标段的评标基准价计算有误,有权在开标现场提出,经招标人当场核实确认之后,可重新宣布评标基准价。开标现场宣布的评标基准价除计算有误经评标委员会修正外,在整个评标期间保持不变,不随任何因素发生变化。

5.2.5 在投标文件第一个信封(商务及技术文件)或第二个信封(报价文件)开标过程中,若招标人宣读的内容与投标文件不符,投标人有权在开标现场提出疑问,经招标人当场核查确认之后,可重新宣读其投标文件。若投标人现场未提出疑问,则认为投标人已确认招标人宣读的内容。

5.3 开标异议

投标人对开标有异议的,应在开标现场提出,招标人当场作出答复,并制作记录,有异议的投标人代表、招标人代表、记录人等有关人员在记录上签字确认。

6. 评标

6.1 评标委员会

6.1.1 评标由招标人依法组建的评标委员会负责。评标委员会由招标人或其委托的招标代理机构熟悉相关业务的代表,以及有关技术、经济等方面的专家组成。评标委员会成员人数以及技术、经济等方面专家的确定方式见投标人须知前附表。

6.1.2 评标委员会成员有下列情形之一的,应主动提出回避:
(1)为负责招标项目监督管理的交通运输主管部门的工作人员;
(2)与投标人法定代表人或其委托代理人有近亲属关系;
(3)为投标人的工作人员或退休人员;
(4)与投标人有其他利害关系,可能影响评标活动公正性;
(5)在与招标投标有关的活动中有过违法违规行为、曾受过行政处罚或刑事处罚。

6.1.3 评标过程中,评标委员会成员有回避事由、擅离职守或因健康等原因不能继续评标的,招标人有权更换。被更换的评标委员会成员作出的评审结论无效,由更换后的评标委员会成员重新进行评审。

6.2 评标原则

评标活动遵循公平、公正、科学和择优的原则。

6.3 评标

6.3.1 评标委员会按照第三章"评标办法"规定的方法、评审因素、标准和程序对投标文件进行评审。第三章"评标办法"没有规定的方法、评审因素和标准,不作为评标依据。

6.3.2 评标完成后,评标委员会应向招标人提交书面评标报告和中标候选人名单。评标委员会推荐中标候选人的人数见投标人须知前附表。

7. 合同授予

7.1 中标候选人公示

招标人在收到评标报告之日起3日内,按照投标人须知前附表规定的公示媒介和期限公示中标候选人,公示期不得少于3日,公示内容包括:

（1）中标候选人排序、名称、投标报价，对工程质量要求、安全目标和工期的响应情况；

（2）中标候选人在投标文件中承诺的项目经理和项目总工姓名、个人业绩、相关证书名称和编号；

（3）中标候选人在投标文件中填报的项目业绩；

（4）被否决投标的投标人名称、否决依据和原因；

（5）提出异议的渠道和方式；

（6）投标人须知前附表规定公示的其他内容。

7.2 评标结果异议

投标人或其他利害关系人对依法必须进行招标的项目的评标结果有异议的，应在中标候选人公示期间提出。招标人将在收到异议之日起3日内作出答复；作出答复前，将暂停招标投标活动。

7.3 中标候选人履约能力审查

中标候选人的经营、财务状况发生较大变化或存在违法行为，招标人认为可能影响其履约能力的，将在发出中标通知书前提请原评标委员会按照招标文件规定的标准和方法进行审查确认。

7.4 定标

按照投标人须知前附表的规定，招标人或招标人授权的评标委员会依法确定中标人。

7.5 中标通知

在本章第3.3款规定的投标有效期内，招标人以投标人须知前附表规定的形式向中标人发出中标通知书，同时将中标结果通知未中标的投标人。

7.6 中标结果公告

招标人在确定中标人之日起3日内，按照投标人须知前附表规定的公告媒介和期限公告中标结果，公告期不得少于3日。公告内容包括中标人名称、中标价。

7.7 履约保证金

7.7.1 在签订合同前，中标人应按投标人须知前附表规定的形式、金额和招标文件第四章"合同条款及格式"规定的或事先经过招标人书面认可的履约保证金格式向招标人提交履约保证金。除投标人须知前附表另有规定外，履约保证金为签约合同价的10%。

采用银行保函时，应由符合投标人须知前附表规定级别的银行开具，所需的费用由中标人承担，中标人应保证银行保函有效。

7.7.2 中标人不能按本章第7.7.1项要求提交履约保证金的,视为放弃中标,其投标保证金不予退还,给招标人造成的损失超过投标保证金数额的,中标人还应对超过部分予以赔偿。

7.8 签订合同

7.8.1 招标人和中标人应在中标通知书发出之日起30日内,根据招标文件和中标人的投标文件订立书面合同。中标人无正当理由拒签合同,在签订合同时向招标人提出附加条件,或不按照招标文件要求提交履约保证金的,招标人取消其中标资格,其投标保证金不予退还;给招标人造成的损失超过投标保证金数额的,中标人还应对超过部分予以赔偿。

7.8.2 发出中标通知书后,招标人无正当理由拒签合同,或在签订合同时向中标人提出附加条件的,招标人向中标人退还投标保证金;给中标人造成损失的,还应赔偿损失。

7.8.3 招标人和中标人在签订合同协议书的同时,须按照本招标文件规定的格式和要求签订廉政合同及安全生产合同,明确双方在廉政建设和安全生产方面的权利和义务以及应承担的违约责任。

8. 纪律和监督

8.1 对招标人的纪律要求

招标人不得泄露招标投标活动中应保密的情况和资料,不得与投标人串通损害国家利益、社会公共利益或他人合法权益。

8.2 对投标人的纪律要求

投标人不得相互串通投标或与招标人串通投标,不得向招标人或评标委员会成员行贿谋取中标,不得以他人名义投标或以其他方式弄虚作假骗取中标;投标人不得以任何方式干扰、影响评标工作。

8.3 对评标委员会成员的纪律要求

评标委员会成员不得收受他人的财物或其他好处,不得向他人透露对投标文件的评审和比较、中标候选人的推荐情况以及评标有关的其他情况。在评标活动中,评标委员会成员应客观、公正地履行职责,遵守职业道德,不得擅离职守,影响评标程序正常进行,不得使用第三章"评标办法"没有规定的评审因素和标准进行评标。

8.4 对与评标活动有关的工作人员的纪律要求

与评标活动有关的工作人员不得收受他人的财物或其他好处,不得向他人透露对投标文件的评审和比较、中标候选人的推荐情况以及评标有关的其他情况。在评标活动中,与评标活动有关的工作人员不得擅离职守,影响评标程序正常进行。

8.5 投诉

8.5.1 投标人或其他利害关系人认为招标投标活动不符合法律、行政法规规定的,可以自知道或应当知道之日起 10 日内向有关行政监督部门投诉。投诉应有明确的请求和必要的证明材料。

监督部门的联系方式见投标人须知前附表。

8.5.2 投标人或其他利害关系人对招标文件、开标和评标结果提出投诉的,应按照本章第 2.4 款、第 5.3 款和第 7.2 款的规定先向招标人提出异议。异议答复期间不计算在第 8.5.1 项规定的期限内。

9. 是否采用电子招标投标

本招标项目是否采用电子招标投标方式,见投标人须知前附表。

10. 需要补充的其他内容

10.1 自购买招标文件之日起,投标人应保证其提供的联系方式(电话、传真、电子邮件)一直有效,以便及时收到招标人发出的函件(招标文件的澄清、修改等),并应及时向招标人反馈信息,否则招标人不承担由此引起的一切后果。

需要补充的其他内容:见投标人须知前附表。

附件一　开标记录表

_____（项目名称）_____标段施工第一个信封（商务及技术文件）
开标记录表

开标时间：_____年___月___日___时___分

序号	投标人名称	工期	投标保证金是否已递交	投标文件的正、副本份数是否满足招标文件规定	备注	投标人代表签名

招标人代表：_____　　　　　　　　　　　　　　记录人：_____

____年___月___日

_____（项目名称）_____标段施工第二个信封（报价文件）
开标记录表

开标时间：_____年___月___日___时___分

序号	投标人名称	投标报价（元）	是否在投标函上填写了投标报价且大写金额能够确定具体数值	投标报价是否未超出招标人公布的最高投标限价	投标文件的正、副本份数是否满足招标文件规定	备注	投标人代表签名

招标人代表：_____   记录人：_____

_____年___月___日

附件二　问题澄清通知

问题澄清通知

（编号：_____）

_____（投标人名称）：

_____（项目名称）_____标段施工招标的评标委员会，对你方的投标文件进行了仔细的审查，现需你方对下列问题以书面形式予以澄清或说明：

1.

2.

……

请将上述问题的澄清或说明于_____年____月____日____时____分前递交至_____（详细地址）或传真至_____（传真号码）或通过下载招标文件的电子招标交易平台上传。采用传真方式的，应在_____年____月____日____时____分前将原件递交至_____（详细地址）。

评标委员会授权的招标人或招标代理机构：_____（签字或盖单位章）

_____年____月____日

附件三　问题的澄清

问题的澄清

（编号：_____）

_____（项目名称）_____标段施工招标评标委员会：

问题澄清通知（编号：_____）已收悉，现澄清、说明如下：

1.

2.

……

上述问题澄清或说明，不改变我方投标文件的实质性内容，构成我方投标文件的组成部分。

投标人：_____（盖单位章）①

法定代表人或其委托代理人：_____（签字）

_____ 年 ___ 月 ___ 日

---

① 投标人仅须在投标文件的澄清或说明上加盖单位章，或由法定代表人或其委托代理人签字。

附件四　中标通知书

中标通知书

_____（中标人名称）：

你方于_____（投标日期）所递交的_____（项目名称）_____标段施工投标文件已被我方接受,被确定为中标人。

中标价：_____元。

工期：____日历天。

工程质量：符合_____标准。

工程安全目标：_____。

项目经理：_____（姓名）。

项目总工：_____（姓名）。

请你方在接到本通知书后的____日内到_____（指定地点）与我方签订施工承包合同,并按招标文件第二章"投标人须知"第 7.7 款规定向我方提交履约保证金。

特此通知。

招标人：_____（盖单位章）

招标代理机构：_____（盖单位章）

_____年___月___日

附件五　中标结果通知书

中标结果通知书

_____（未中标人名称）：

我方已接受_____（中标人名称）于_____（投标日期）所递交的_____（项目名称）____标段施工投标文件,确定_____（中标人名称）为中标人。

感谢你单位对招标项目的参与！

招标人：_____（盖单位章）

招标代理机构：_____（盖单位章）

_____年___月___日

附件六 确认通知

确 认 通 知

_____（招标人名称）：

　　你方于_____年____月____日发出的_____（项目名称）____标段施工招标关于招标文件澄清/修改的通知（第____号补遗书，正文共____页），我方已于_____年____月____日收到。

　　特此确认。

投标人：_____（盖单位章）

_____年____月____日

第三章 评标办法

第三章　评标办法(合理低价法)

评标办法前附表[①]

条　款　号		评审因素与评审标准
1	评标方法	综合评分相等时,评标委员会依次按照以下优先顺序推荐中标候选人或确定中标人: (1)评标价低的投标人优先; (2)在新疆维吾尔自治区交通运输厅最新公布的农村公路建设从业单位信用评价结果中被评为较高信用等级的投标人优先[②]; (3)递交投标文件时间较前的投标人优先
2.1.1 2.1.3	形式评审与响应性评审标准	第一个信封(商务及技术文件)评审标准: (1)投标文件按照招标文件规定的格式、内容填写,字迹清晰可辨: 　a.投标函按招标文件规定填报了项目名称、标段号、补遗书编号(如有)、工期、工程质量要求及安全目标; 　b.投标函附录的所有数据均符合招标文件规定; 　c.投标文件组成齐全完整,内容均按规定填写。 (2)投标文件上法定代表人或其委托代理人的签字、投标人的单位章盖章齐全,符合招标文件规定。 (3)投标人按照招标文件的规定提供了投标保证金: 　a.投标保证金金额符合招标文件规定的金额,且投标保证金有效期不少于投标有效期; 　b.若投标保证金采用现金或支票形式提交,投标人应在递交投标文件截止时间之前,将投标保证金由投标人的基本账户转入招标人指定账户; 　c.若投标保证金采用银行保函形式提交,银行保函的格式、开具保函的银行均满足招标文件要求,且在递交投标文件截止时间之前向招标人提交了银行保函原件。 (4)投标人法定代表人授权委托代理人签署投标文件的,须提交授权委托书,且授权人和被授权人均在授权委托书上签名,未使用印章、签名章或其他电子制版签名代替。 (5)投标人法定代表人亲自签署投标文件的,提供了法定代表人身份证明,且法定代表人在法定代表人身份证明上签名,未使用印章、签名章或其他电子制版签名代替。 (6)投标人如有分包计划,符合招标文件第二章"投标人须知"的规定,且按招标文件第九章"投标文件格式"的要求填写了"拟分包项目情况表"。 (7)同一投标人未提交两个以上不同的投标文件,但招标文件要求提交备选投标的除外

[①]　"评标办法前附表"用于明确评标的方法、因素、标准和程序。招标人应根据招标项目具体特点和实际需要,详细列明全部评审因素、标准,没有列明的因素和标准不得作为评标的依据。

[②]　在新疆维吾尔自治区交通运输厅农村公路建设从业单位信用评价体系建立之前,招标项目所在地地州市交通运输主管部门有信用评价结果的,可根据情况采用。

续上表

条款号		评审因素与评审标准
2.1.1 2.1.3	形式评审与响应性评审标准	(8)投标文件中未出现有关投标报价的内容。 (9)投标文件载明的招标项目完成期限未超过招标文件规定的时限。 (10)投标文件对招标文件的实质性要求和条件作出响应。 (11)权利义务符合招标文件规定： a.投标人应接受招标文件规定的风险划分原则，未提出新的风险划分办法； b.投标人未增加发包人的责任范围，或减少投标人义务； c.投标人未提出不同的工程验收、计量、支付办法； d.投标人对合同纠纷、事故处理办法未提出异议； e.投标人在投标活动中无欺诈行为； f.投标人未对合同条款有重要保留。 (12)投标文件正、副本份数符合招标文件第二章"投标人须知"第3.6.4项规定。 …… **第二个信封(报价文件)评审标准：** (1)投标文件按照招标文件规定的格式、内容填写，字迹清晰可辨： a.投标函按招标文件规定填报了项目名称、标段号、补遗书编号(如有)、投标价(包括大写金额和小写金额)； b.已标价工程量清单说明文字与招标文件规定一致，未进行实质性修改和删减； c.投标文件组成齐全完整，内容均按规定填写。 (2)投标文件上法定代表人或其委托代理人的签字、投标人的单位章盖章齐全，符合招标文件规定。 (3)投标报价未超过招标文件设定的最高投标限价(如有)。 (4)投标报价中报价的大写金额能够确定具体数值。 (5)同一投标人未提交两个以上不同的投标报价，但招标文件要求提交备选投标的除外。 (6)投标人填写完毕的工程量固化清单未对工程量固化清单电子文件中的数据、格式和运算定义进行修改；工程量固化清单中的投标报价和投标函大写金额报价一致。 (7)投标文件正、副本份数符合招标文件第二章"投标人须知"第3.6.4项规定。 ……
2.1.2	资格评审标准	(1)投标人具备有效的营业执照、资质证书、安全生产许可证和基本账户开户许可证(或备案材料)。 (2)投标人的资质等级符合招标文件规定。 (3)投标人的财务状况符合招标文件规定。 (4)投标人的类似项目业绩符合招标文件规定。 (5)投标人的信誉符合招标文件规定。 (6)投标人的项目经理和项目总工资格、在岗情况符合招标文件规定。 (7)投标人的其他要求符合招标文件规定。 (8)投标人不存在第二章"投标人须知"第1.4.2项或第1.4.3项规定的任何一种情形。 (9)投标人符合第二章"投标人须知"第1.4.4项规定。 ……

续上表

条 款 号	条款内容	编列内容
2.2.1	分值构成[①] (总分____分)	评标价:100 分 其他因素:详见本章 2.2.4(2)目的规定
2.2.2	评标基准价 计算方法	评标基准价的计算: 在开标现场,招标人将当场计算并宣布评标基准价。 (1)评标价的确定: 评标价 = 投标函文字报价 (2)评标价平均值的计算: 除按第二章"投标人须知"第5.2.4 项规定开标现场被宣布为不进入评标基准价计算的投标报价之外,所有投标人的评标价去掉一个最高值和一个最低值后的算术平均值即为评标价平均值(如果参与评标价平均值计算的有效投标人少于 5 家时,则计算评标价平均值时不去掉最高值和最低值)。 (3)评标基准价的确定: 除按第二章"投标人须知"第5.2.4 项规定开标现场被宣布为不计入评标基准价计算的投标报价之外,将评标价平均值下浮 x 个百分点(具体值在开标现场由投标人代表随机抽取,投标人代表由投标人现场抽签确定,每个标段均抽取一个评标基准价下浮百分点)作为评标基准价。 $$D = D_i \times (1 - x\%)$$ 式中:D——评标基准价; D_i——评标价平均值; x——开标现场由投标人代表随机抽取确定的评标基准价下浮百分点(取值范围为 x_1、x_2、x_3……____个数值[②])。 在评标过程中,评标委员会应对招标人计算的评标基准价进行复核,存在计算错误的应予以修正并在评标报告中作出说明。除此之外,评标基准价在整个评标期间保持不变,不随任何因素发生变化
2.2.3	评标价的 偏差率 计算公式	偏差率 = 100% × (投标人评标价 – 评标基准价)/评标基准价

[①] 招标人是否考虑其他因素或其他因素采用的分值决定分值构成的总分值。
[②] 农村公路工程项目规模较小,不宜采用过多的下浮系数,取 4~6 个为宜;下浮百分点取值可以根据本行政区域招标项目中标价的倾向进行调整,最高不宜超过 5.0%。

续上表

条款号	评分因素	评分标准
2.2.4	(1)评标价得分	100 分 评标价得分计算公式示例： (1) 如果投标人的评标价 > 评标基准价，则评标价得分 = 100 - 偏差率 × 100 × E_1； (2) 如果投标人的评标价 ≤ 评标基准价，则评标价得分 = 100 + 偏差率 × 100 × E_2。 其中：E_1 是评标价每高于评标基准价一个百分点的扣分值，E_2 是评标价每低于评标基准价一个百分点的扣分值；招标人可依据招标项目具体特点和实际需要设置 E_1、E_2，但 E_1 应大于 E_2[①]。 $E_1 = _____$，$E_2 = _____$ 评标价得分最低为 0 分
	(2)其他因素[②]得分	
需要补充的其他内容： ……		

[①] 公路工程施工项目，一般取 $E_1 = 2.0$，$E_2 = 1.0$；招标人也可以根据项目的实际情况确定 E 值。

[②] 其他因素一般为信用评价，招标人可根据招标时新疆维吾尔自治区交通运输厅的相关规定，决定是否采用信用评价加分、采用信用评价时的加分分值及加分计算规则。在新疆维吾尔自治区交通运输厅农村公路建设从业单位信用评价体系建立之前，招标项目所在地地州市交通运输主管部门有信用评价结果的，可根据情况采用。

第三章 评标办法(合理低价法)

1. 评标方法

本次评标采用合理低价法。评标委员会对满足招标文件实质性要求的投标文件,按照本章第2.2款规定的评分标准进行打分,并按得分由高到低顺序推荐中标候选人,或根据招标人授权直接确定中标人,但投标报价低于其成本的除外。综合评分相等时,评标委员会应按照评标办法前附表规定的优先次序推荐中标候选人或确定中标人。

2. 评审标准

2.1 初步评审标准

2.1.1 形式评审标准:见评标办法前附表。

2.1.2 资格评审标准:见评标办法前附表。

2.1.3 响应性评审标准:见评标办法前附表。

2.2 分值构成与评分标准

2.2.1 分值构成

评标价:见评标办法前附表。

2.2.2 评标基准价计算

评标基准价计算方法:见评标办法前附表。

2.2.3 评标价的偏差率计算

评标价的偏差率计算公式:见评标办法前附表。

2.2.4 评分标准

评标价评分标准:见评标办法前附表。

3. 评标程序

3.1 第一个信封初步评审

3.1.1 评标委员会可以要求投标人提交第二章"投标人须知"第3.5.1项至第3.5.5项规定的有关证明和证件的原件,以便核验。评标委员会依据本章第2.1款规定的标准对投标文件第一个信封(商务及技术文件)进行初步评审。有一项不符合评审标准的,评标委员会应否决其投标。

3.2 第二个信封开标

第一个信封(商务及技术文件)评审结束后,招标人将按照第二章"投标人须知"第5.1款规定的时间和地点对通过投标文件第一个信封(商务及技术文件)评审的投标文

3.3 第二个信封初步评审

3.3.1 评标委员会依据本章第2.1.1项、第2.1.3项规定的评审标准对投标文件第二个信封(报价文件)进行初步评审。有一项不符合评审标准的,评标委员会应否决其投标。

3.4 第二个信封详细评审

3.4.1 评标委员会按本章第2.2款规定的量化因素和分值进行打分,并计算出综合评估得分(即评标价得分)。

3.4.2 投标人得分分值计算保留小数点后两位,小数点后第三位"四舍五入"。

3.4.3 评标委员会发现投标人的报价明显低于其他投标报价,使得其投标报价可能低于其个别成本的,应要求该投标人作出书面说明并提供相应的证明材料。投标人不能合理说明或不能提供相应证明材料的,评标委员会应认定该投标人以低于成本报价竞标,并否决其投标。

3.5 投标文件相关信息的核查

3.5.1 在评标过程中,评标委员会应查询交通运输主管部门"公路建设市场信用信息管理系统",对投标人的资质、业绩、主要人员资历和目前在岗情况、信用等级等信息进行核实。若投标文件载明的信息与交通运输主管部门"公路建设市场信用信息管理系统"发布的信息不符,使得投标人的资格条件不符合招标文件规定的,评标委员会应否决其投标。

3.5.2 评标委员会应对在评标过程中发现的投标人与投标人之间、投标人与招标人之间存在的串通投标的情形进行评审和认定。投标人存在串通投标、弄虚作假、行贿等违法行为的,评标委员会应否决其投标。

(1)有下列情形之一的,属于投标人相互串通投标:

a. 投标人之间协商投标报价等投标文件的实质性内容;

b. 投标人之间约定中标人;

c. 投标人之间约定部分投标人放弃投标或中标;

d. 属于同一集团、协会、商会等组织成员的投标人按照该组织要求协同投标;

e. 投标人之间为谋取中标或排斥特定投标人而采取的其他联合行动。

(2)有下列情形之一的,视为投标人相互串通投标:

a. 不同投标人的投标文件由同一单位或个人编制;

b. 不同投标人委托同一单位或个人办理投标事宜;

c. 不同投标人的投标文件载明的项目管理成员为同一人;

d. 不同投标人的投标文件异常一致或投标报价呈规律性差异;

e. 不同投标人的投标文件相互混装；

f. 不同投标人的投标保证金从同一单位或个人的账户转出。

(3) 有下列情形之一的,属于招标人与投标人串通投标：

a. 招标人在开标前开启投标文件并将有关信息泄露给其他投标人；

b. 招标人直接或间接向投标人泄露标底、评标委员会成员等信息；

c. 招标人明示或暗示投标人压低或抬高投标报价；

d. 招标人授意投标人撤换、修改投标文件；

e. 招标人明示或暗示投标人为特定投标人中标提供方便；

f. 招标人与投标人为谋求特定投标人中标而采取的其他串通行为。

(4) 投标人有下列情形之一的,属于弄虚作假的行为：

a. 使用通过受让或租借等方式获取的资格、资质证书投标；

b. 使用伪造、变造的许可证件；

c. 提供虚假的财务状况或业绩；

d. 提供虚假的项目负责人或主要技术人员简历、劳动关系证明；

e. 提供虚假的信用状况；

f. 其他弄虚作假的行为。

3.6 投标文件的澄清和说明

3.6.1 在评标过程中,评标委员会可以书面形式要求投标人对投标文件中含义不明确的内容、明显文字或计算错误进行书面澄清或说明。评标委员会不接受投标人主动提出的澄清、说明。投标人不按评标委员会要求澄清或说明的,评标委员会应否决其投标。

3.6.2 澄清和说明不得超出投标文件的范围或改变投标文件的实质性内容。投标人的书面澄清、说明属于投标文件的组成部分。

3.6.3 评标委员会不得暗示或诱导投标人作出澄清、说明,对投标人提交的澄清、说明有疑问的,可以要求投标人进一步澄清或说明,直至满足评标委员会的要求。

3.6.4 凡超出招标文件规定的或给发包人带来未曾要求的利益的变化、偏差或其他因素在评标时不予考虑。

3.7 不得否决投标的情形

投标文件存在第二章"投标人须知"第1.12.3项所列情形的,均视为细微偏差,评标委员会不得否决投标人的投标,应按照第二章"投标人须知"第1.12.4项规定的原则处理。

3.8 评标结果

3.8.1 除第二章"投标人须知"前附表授权直接确定中标人外,评标委员会按照得分由高到低的顺序推荐中标候选人,并标明排序。

3.8.2 评标委员会完成评标后,应向招标人提交书面评标报告。

第三章 评标办法(技术评分最低标价法)

评标办法前附表[①]

条款号		评审因素与评审标准
1	评标方法	评标价相等时,评标委员会依次按照以下优先顺序推荐中标候选人或确定中标人: (1)投标报价低的投标人优先; (2)商务和技术得分较高的投标人优先; (3)在新疆维吾尔自治区交通运输厅最新公布的农村公路建设从业单位信用评价结果中被评为较高信用等级的投标人优先[②]; (4)递交投标文件时间较前的投标人优先
2.1.1 2.1.3	形式评审与响应性评审标准	**第一个信封(商务及技术文件)评审标准:** (1)投标文件按照招标文件规定的格式、内容填写,字迹清晰可辨: a.投标函按招标文件规定填报了项目名称、标段号、补遗书编号(如有)、工期、工程质量要求及安全目标; b.投标函附录的所有数据均符合招标文件规定; c.投标文件组成齐全完整,内容均按规定填写。 (2)投标文件上法定代表人或其委托代理人的签字、投标人的单位章盖章齐全,符合招标文件规定。 (3)投标人按照招标文件的规定提供了投标保证金: a.投标保证金金额符合招标文件规定的金额,且投标保证金有效期不少于投标有效期; b.若投标保证金采用现金或支票形式提交,投标人应在递交投标文件截止时间之前,将投标保证金由投标人的基本账户转入招标人指定账户; c.若投标保证金采用银行保函形式提交,银行保函的格式、开具保函的银行均满足招标文件要求,且在递交投标文件截止时间之前向招标人提交了银行保函原件。 (4)投标人法定代表人授权委托代理人签署投标文件的,须提交授权委托书,且授权人和被授权人均在授权委托书上签名,未使用印章、签名章或其他电子制版签名代替。 (5)投标人法定代表人亲自签署投标文件的,提供了法定代表人身份证明,且法定代表人在法定代表人身份证明上签名,未使用印章、签名章或其他电子制版签名代替

[①] "评标办法前附表"用于明确评标的方法、因素、标准和程序。招标人应根据招标项目具体特点和实际需要,详细列明全部评审因素、标准,没有列明的因素和标准不得作为评标的依据。

[②] 在新疆维吾尔自治区交通运输厅农村公路建设从业单位信用评价体系建立之前,招标项目所在地地州市交通运输主管部门有信用评价结果的,可根据情况采用。

第三章 评标办法（技术评分最低标价法）

续上表

条　款　号		评审因素与评审标准
2.1.1 2.1.3	形式评审 与响应性 评审标准	（6）投标人如有分包计划，符合招标文件第二章"投标人须知"的规定，且按招标文件第九章"投标文件格式"的要求填写了"拟分包项目情况表"。 （7）同一投标人未提交两个以上不同的投标文件，但招标文件要求提交备选投标的除外。 （8）投标文件中未出现有关投标报价的内容。 （9）投标文件载明的招标项目完成期限未超过招标文件规定的时限。 （10）投标文件对招标文件的实质性要求和条件作出响应。 （11）权利义务符合招标文件规定： a. 投标人应接受招标文件规定的风险划分原则，未提出新的风险划分办法； b. 投标人未增加发包人的责任范围，或减少投标人义务； c. 投标人未提出不同的工程验收、计量、支付办法； d. 投标人对合同纠纷、事故处理办法未提出异议； e. 投标人在投标活动中无欺诈行为； f. 投标人未对合同条款有重要保留。 （12）投标文件正、副本份数符合招标文件第二章"投标人须知"第3.6.4项规定。 …… **第二个信封（报价文件）评审标准：** （1）投标文件按照招标文件规定的格式、内容填写，字迹清晰可辨： a. 投标函按招标文件规定填报了项目名称、标段号、补遗书编号（如有）、投标价（包括大写金额和小写金额）； b. 已标价工程量清单说明文字与招标文件规定一致，未进行实质性修改和删减； c. 投标文件组成齐全完整，内容均按规定填写。 （2）投标文件上法定代表人或其委托代理人的签字、投标人的单位章盖章齐全，符合招标文件规定。 （3）投标报价未超过招标文件设定的最高投标限价（如有）。 （4）投标报价中报价的大写金额能够确定具体数值。 （5）同一投标人未提交两个以上不同的投标报价，但招标文件要求提交备选投标的除外。 （6）投标人填写完毕的工程量固化清单未对工程量固化清单电子文件中的数据、格式和运算定义进行修改；工程量固化清单中的投标报价和投标函大写金额报价一致。 （7）投标文件正、副本份数符合招标文件第二章"投标人须知"第3.6.4项规定。 ……

续上表

条 款 号		评审因素与评审标准
2.1.2	资格评审标准	（1）投标人具备有效的营业执照、资质证书、安全生产许可证和基本账户开户许可证（或备案材料）。 （2）投标人的资质等级符合招标文件规定。 （3）投标人的财务状况符合招标文件规定。 （4）投标人的类似项目业绩符合招标文件规定。 （5）投标人的信誉符合招标文件规定。 （6）投标人的项目经理和项目总工资格、在岗情况符合招标文件规定。 （7）投标人的其他要求符合招标文件规定。 （8）投标人不存在第二章"投标人须知"第1.4.2项或第1.4.3项规定的任何一种情形。 （9）投标人符合第二章"投标人须知"第1.4.4项规定。 ……

条款号	条款内容	编列内容
2.2.1	第一个信封评分分值构成①（总分100分）	施工组织设计：＿＿＿分 主要人员：＿＿＿分 技术能力②：＿＿＿分 履约信誉：＿＿＿分 ……
2.2.3	第二个信封详细评审标准	评标价计算公式： 评标价 = 投标函文字报价 − 暂列金额（不含计日工总额） ……
3.2.4	通过第一个信封详细评审的投标人数量	按照投标人的商务和技术得分由高到低排序，选择前＿＿＿名③通过详细评审

---

① 各评分因素权重分值范围如下：施工组织设计 25～40 分；主要人员 25～40 分；技术能力 10～20 分；履约信誉 15～25 分。

② "技术能力"指投标人的科研开发和技术创新能力，招标人可结合招标项目的具体情况提出相关要求，包括投标人获得的与项目施工有关的国家级工法、专利（发明专利或实用新型专利）、国家或省级科学技术进步奖，主编或参编过的国家、行业或地方标准等。

③ 该数量的设置应避免本办法演变为经评审的最低投标价法，该数量应不少于 3 名，最高不宜超过 10 名。此外，招标人可规定技术文件采用暗标形式编制。

第三章 评标办法(技术评分最低标价法)

续上表

评分因素与权重分值①					评分标准②
条款号	评分因素	评分因素权重分值	各评分因素细分项	分值	
2.2.2(1)	施工组织设计	___分	关键工程的施工方案、方法与技术措施	___分	……
			……	___分	……
2.2.2(2)	主要人员	___分	项目经理任职资格与业绩	___分	……
			项目总工任职资格与业绩	___分	……
			……	___分	……
2.2.2(3)	其他因素	技术能力 ___分	……	___分	……
			……	___分	……
		履约信誉③ ___分	……	___分	……
			……	___分	……
		…… ___分	……	___分	……
			……	___分	……
需要补充的其他内容：……					

---

① 招标人应根据项目具体情况确定各评分因素及评分因素权重分值,并对各评分因素进行细分(如有)、确定各评分因素细分项的分值,各评分因素权重分值合计应为100分。各评分因素(评标价和履约信誉评分项除外)得分一般不得低于其权重分值的60%,且各评分因素得分应以评标委员会各成员的打分平均值确定,评标委员会成员总数为7人以上时,该平均值以去掉一个最高分和一个最低分后计算。评标委员会成员对某一项评分因素的评分低于权重分值60%的,应在评标报告中作出说明。

② 招标人应列明各评分因素或各评分因素细分项(如有)的评分标准并作为评标委员会进行评分的依据。

③ 招标人可结合新疆维吾尔自治区交通运输厅对投标人在农村公路建设从业单位信用评价体系中的信用评级对其履约信用进行评分(在新疆维吾尔自治区交通运输厅农村公路建设从业单位信用评价体系建立之前,招标项目所在地地州市交通运输主管部门有信用评价结果的,可根据情况采用),但不得任意设置歧视性条款并不得任意设立行政许可。

1. 评标方法

本次评标采用技术评分最低标价法。评标委员会对满足招标文件实质性要求的投标文件的施工组织设计、主要人员、技术能力等因素进行评分,按照得分由高到低排序,对排名在招标文件规定数量以内的投标人的报价文件进行评审,按照评标价由低到高的顺序推荐中标候选人,或根据招标人授权直接确定中标人,但投标报价低于其成本的除外。评标价相等时,评标委员会应按照评标办法前附表规定的优先次序推荐中标候选人或确定中标人。

2. 评审标准

2.1 初步评审标准

2.1.1 形式评审标准:见评标办法前附表。

2.1.2 资格评审标准:见评标办法前附表。

2.1.3 响应性评审标准:见评标办法前附表。

2.2 分值构成与评分标准

2.2.1 第一个信封评分分值构成

(1)施工组织设计:见评标办法前附表。

(2)主要人员:见评标办法前附表。

(3)其他评分因素:见评标办法前附表。

2.2.2 第一个信封评分评分标准

(1)施工组织设计评分标准:见评标办法前附表。

(2)主要人员评分标准:见评标办法前附表。

(3)其他因素评分标准:见评标办法前附表。

2.2.3 第二个信封详细评审标准:见评标办法前附表。

3. 评标程序

3.1 第一个信封初步评审

3.1.1 评标委员会可以要求投标人提交第二章"投标人须知"第3.5.1项至第3.5.5项规定的有关证明和证件的原件,以便核验。评标委员会依据本章第2.1款规定的标准对投标文件第一个信封(商务及技术文件)进行初步评审。有一项不符合评审标准的,评标委员会应否决其投标。

3.2 第一个信封详细评审

3.2.1 评标委员会按本章第2.2款规定的量化因素和分值进行打分,并计算出各投标人的商务和技术得分。

(1)按本章第2.2.2项(1)目规定的评审因素和分值对施工组织设计部分计算出得分A;

(2)按本章第2.2.2项(2)目规定的评审因素和分值对主要人员部分计算出得分B;

(3)按本章第2.2.2项(3)目规定的评审因素和分值对其他部分计算出得分C。

3.2.2 投标人的商务和技术得分分值计算保留小数点后两位,小数点后第三位"四舍五入"。

3.2.3 投标人的商务和技术得分 $= A + B + C$。

3.2.4 评标委员会按照投标人的商务和技术得分由高到低排序,排名在评标办法前附表规定数量以内的投标人,其投标文件第一个信封(商务及技术文件)通过详细评审。

3.2.5 通过投标文件第一个信封(商务及技术文件)初步评审的投标人不少于3个且未超过评标办法前附表第3.2.4项规定数量的,均通过投标文件第一个信封(商务及技术文件)详细评审,不再对投标人的商务和技术文件进行评分。

3.3 第二个信封开标

第一个信封(商务及技术文件)评审结束后,招标人将按照第二章"投标人须知"第5.1款规定的时间和地点对通过投标文件第一个信封(商务及技术文件)评审的投标文件第二个信封(报价文件)进行开标。

3.4 第二个信封初步评审

3.4.1 评标委员会依据本章第2.1.1项、第2.1.3项规定的评审标准对投标文件第二个信封(报价文件)进行初步评审。有一项不符合评审标准的,评标委员会应否决其投标。

3.5 第二个信封详细评审

3.5.1 评标委员会按本章第2.2款规定的量化因素和标准进行价格折算,计算出评标价,并编制价格比较一览表。

3.5.2 评标委员会发现投标人的报价明显低于其他投标报价,使得其投标报价可能低于其个别成本的,应要求该投标人作出书面说明并提供相应的证明材料。投标人不能合理说明或不能提供相应证明材料的,由评标委员会认定该投标人以低于成本报价竞标,并否决其投标。

3.6 投标文件相关信息的核查

3.6.1 在评标过程中,评标委员会应查询交通运输主管部门"公路建设市场信用信息管理系统",对投标人的资质、业绩、主要人员资历和目前在岗情况、信用等级等信息进行核实。若投标文件载明的信息与交通运输主管部门"公路建设市场信用信息管理系统"发布的信息不符,使得投标人的资格条件不符合招标文件规定的,评标委员会应否决其投标。

3.6.2 评标委员会应对在评标过程中发现的投标人与投标人之间、投标人与招标人之间存在的串通投标的情形进行评审和认定。投标人存在串通投标、弄虚作假、行贿等违法行为的,评标委员会应否决其投标。

(1)有下列情形之一的,属于投标人相互串通投标:

a. 投标人之间协商投标报价等投标文件的实质性内容;

b. 投标人之间约定中标人;

c. 投标人之间约定部分投标人放弃投标或中标;

d. 属于同一集团、协会、商会等组织成员的投标人按照该组织要求协同投标;

e. 投标人之间为谋取中标或排斥特定投标人而采取的其他联合行动。

(2)有下列情形之一的,视为投标人相互串通投标:

a. 不同投标人的投标文件由同一单位或个人编制;

b. 不同投标人委托同一单位或个人办理投标事宜;

c. 不同投标人的投标文件载明的项目管理成员为同一人;

d. 不同投标人的投标文件异常一致或投标报价呈规律性差异;

e. 不同投标人的投标文件相互混装;

f. 不同投标人的投标保证金从同一单位或个人的账户转出。

(3)有下列情形之一的,属于招标人与投标人串通投标:

a. 招标人在开标前开启投标文件并将有关信息泄露给其他投标人;

b. 招标人直接或间接向投标人泄露标底、评标委员会成员等信息;

c. 招标人明示或暗示投标人压低或抬高投标报价;

d. 招标人授意投标人撤换、修改投标文件;

e. 招标人明示或暗示投标人为特定投标人中标提供方便;

f. 招标人与投标人为谋求特定投标人中标而采取的其他串通行为。

(4)投标人有下列情形之一的,属于弄虚作假的行为:

a. 使用通过受让或租借等方式获取的资格、资质证书投标;

b. 使用伪造、变造的许可证件;

c. 提供虚假的财务状况或业绩;

d. 提供虚假的项目负责人或主要技术人员简历、劳动关系证明;

e. 提供虚假的信用状况;

f. 其他弄虚作假的行为。

3.7 投标文件的澄清和说明

3.7.1 在评标过程中,评标委员会可以书面形式要求投标人对投标文件中含义不明确的内容、明显文字或计算错误进行书面澄清或说明。评标委员会不接受投标人主动提出的澄清、说明。投标人不按评标委员会要求澄清或说明的,评标委员会应否决其投标。

3.7.2 澄清和说明不得超出投标文件的范围或改变投标文件的实质性内容。投标人的书面澄清、说明属于投标文件的组成部分。

3.7.3 评标委员会不得暗示或诱导投标人作出澄清、说明,对投标人提交的澄清、说明有疑问的,可以要求投标人进一步澄清或说明,直至满足评标委员会的要求。

3.7.4 凡超出招标文件规定的或给发包人带来未曾要求的利益的变化、偏差或其他因素在评标时不予考虑。

3.8 不得否决投标的情形

投标文件存在第二章"投标人须知"第1.12.3项所列情形的,均视为细微偏差,评标委员会不得否决投标人的投标,应按照第二章"投标人须知"第1.12.4项规定的原则处理。

3.9 评标结果

3.9.1 除第二章"投标人须知"前附表授权直接确定中标人外,评标委员会按照评标价由低到高的顺序推荐中标候选人,并标明排序。

3.9.2 评标委员会完成评标后,应向招标人提交书面评标报告。

第三章 评标办法(经评审的最低投标价法)[①]

评标办法前附表[②]

条 款 号		评审因素与评审标准
1	评标方法	经评审的投标价相等时,评标委员会依次按照以下优先顺序推荐中标候选人或确定中标人: (1)投标报价低的投标人优先; (2)在新疆维吾尔自治区交通运输厅最新公布的农村公路建设从业单位信用评价结果中被评为较高信用等级的投标人优先[③]; (3)递交投标文件时间较前的投标人优先
2.1.1 2.1.3	形式评审与响应性评审标准	第一个信封(商务及技术文件)评审标准: (1)投标文件按照招标文件规定的格式、内容填写,字迹清晰可辨: a.投标函按招标文件规定填报了项目名称、标段号、补遗书编号(如有)、工期、工程质量要求及安全目标; b.投标函附录的所有数据均符合招标文件规定; c.投标文件组成齐全完整,内容均按规定填写。 (2)投标文件上法定代表人或其委托代理人的签字、投标人的单位章盖章齐全,符合招标文件规定。 (3)投标人按照招标文件的规定提供了投标保证金: a.投标保证金金额符合招标文件规定的金额,且投标保证金有效期不少于投标有效期; b.若投标保证金采用现金或支票形式提交,投标人应在递交投标文件截止时间之前,将投标保证金由投标人的基本账户转入招标人指定账户; c.若投标保证金采用银行保函形式提交,银行保函的格式、开具保函的银行均满足招标文件要求,且在递交投标文件截止时间之前向招标人提交了银行保函原件。 (4)投标人法定代表人授权委托代理人签署投标文件的,须提交授权委托书,且授权人和被授权人均在授权委托书上签名,未使用印章、签名章或其他电子制版签名代替。 (5)投标人法定代表人亲自签署投标文件的,提供了法定代表人身份证明,且法定代表人在法定代表人身份证明上签名,未使用印章、签名章或其他电子制版签名代替。 (6)投标人如有分包计划,符合招标文件第二章"投标人须知"的规定,且按招标文件第九章"投标文件格式"的要求填写了"拟分包项目情况表"

[①] 本办法仅适用于工程规模较小、技术含量较低的工程。
[②] "评标办法前附表"用于明确评标的方法、因素、标准和程序。招标人应根据招标项目具体特点和实际需要,详细列明全部评审因素、标准,没有列明的因素和标准不得作为评标的依据。
[③] 在新疆维吾尔自治区交通运输厅农村公路建设从业单位信用评价体系建立之前,招标项目所在地地州市交通运输主管部门有信用评价结果的,可根据情况采用。

续上表

条 款 号		评审因素与评审标准
2.1.1 2.1.3	形式评审 与响应性 评审标准	（7）同一投标人未提交两个以上不同的投标文件，但招标文件要求提交备选投标的除外。 （8）投标文件中未出现有关投标报价的内容。 （9）投标文件载明的招标项目完成期限未超过招标文件规定的时限。 （10）投标文件对招标文件的实质性要求和条件作出响应。 （11）权利义务符合招标文件规定： a. 投标人应接受招标文件规定的风险划分原则，未提出新的风险划分办法； b. 投标人未增加发包人的责任范围，或减少投标人义务； c. 投标人未提出不同的工程验收、计量、支付办法； d. 投标人对合同纠纷、事故处理办法未提出异议； e. 投标人在投标活动中无欺诈行为； f. 投标人未对合同条款有重要保留。 （12）投标文件正、副本份数符合招标文件第二章"投标人须知"第3.6.4项规定。 …… **第二个信封（报价文件）评审标准：** （1）投标文件按照招标文件规定的格式、内容填写，字迹清晰可辨： a. 投标函按招标文件规定填报了项目名称、标段号、补遗书编号（如有）、投标价（包括大写金额和小写金额）； b. 已标价工程量清单说明文字与招标文件规定一致，未进行实质性修改和删减； c. 投标文件组成齐全完整，内容均按规定填写。 （2）投标文件上法定代表人或其委托代理人的签字、投标人的单位章盖章齐全，符合招标文件规定。 （3）投标报价中的报价未超过招标文件设定的最高投标限价（如有）。 （4）投标报价中报价的大写金额能够确定具体数值。 （5）同一投标人未提交两个以上不同的投标报价，但招标文件要求提交备选投标的除外。 （6）投标人填写完毕的工程量固化清单未对工程量固化清单电子文件中的数据、格式和运算定义进行修改；工程量固化清单中的投标报价和投标函大写金额报价一致。 （7）投标文件正、副本份数符合招标文件第二章"投标人须知"第3.6.4项规定。 ……
2.1.2	资格评审 标准	（1）投标人具备有效的营业执照、资质证书、安全生产许可证和基本账户开户许可证（或备案资料）。 （2）投标人的资质等级符合招标文件规定。 （3）投标人的财务状况符合招标文件规定。 （4）投标人的类似项目业绩符合招标文件规定

续上表

条款号	评审因素与评审标准	
2.1.2	资格评审标准	(5)投标人的信誉符合招标文件规定。 (6)投标人的项目经理和项目总工资格、在岗情况符合招标文件规定。 (7)投标人的其他要求符合招标文件规定。 (8)投标人不存在第二章"投标人须知"第1.4.2项或第1.4.3项规定的任何一种情形。 (9)投标人符合第二章"投标人须知"第1.4.4项规定。 ……
2.1.4	施工组织设计和主要人员评审标准	无

条款号	量化因素	量化标准
2.2	详细评审标准	评标价计算	经评审的投标价(评标价)=投标函文字报价－暂列金额(不含计日工总额)

需要补充的其他内容：
……

第三章 评标办法（经评审的最低投标价法）

1. 评标方法

本次评标采用经评审的最低投标价法。评标委员会对满足招标文件实质性要求的投标文件，根据本章第 2.2 款规定的量化因素及量化标准进行价格折算，按照经评审的投标价由低到高的顺序推荐中标候选人，或根据招标人授权直接确定中标人，但投标报价低于其成本的除外。经评审的投标价相等时，评标委员会应按照评标办法前附表规定的优先次序推荐中标候选人或确定中标人。

2. 评审标准

2.1 初步评审标准

  2.1.1 形式评审标准：见评标办法前附表。
  2.1.2 资格评审标准：见评标办法前附表。
  2.1.3 响应性评审标准：见评标办法前附表。
  2.1.4 施工组织设计和主要人员评审标准：见评标办法前附表。

2.2 详细评审标准

详细评审标准：见评标办法前附表。

3. 评标程序

3.1 第一个信封初步评审

  3.1.1 评标委员会可以要求投标人提交第二章"投标人须知"第 3.5.1 项至第 3.5.5 项规定的有关证明和证件的原件，以便核验。评标委员会依据本章第 2.1 款规定的标准对投标文件第一个信封（商务及技术文件）进行初步评审。有一项不符合评审标准的，评标委员会应否决其投标。

3.2 第二个信封开标

第一个信封（商务及技术文件）评审结束后，招标人将按照第二章"投标人须知"第 5.1 款规定的时间和地点对通过投标文件第一个信封（商务及技术文件）评审的投标文件第二个信封（报价文件）进行开标。

3.3 第二个信封初步评审

  3.3.1 评标委员会依据本章第 2.1.1 项、第 2.1.3 项规定的评审标准对投标文件第二个信封（报价文件）进行初步评审。有一项不符合评审标准的，评标委员会应否决其投标。

3.4 第二个信封详细评审

3.4.1 评标委员会按本章第2.2款规定的量化因素和标准进行价格折算,计算出经评审的投标价(即评标价),并编制价格比较一览表。

3.4.2 评标委员会发现投标人的报价明显低于其他投标报价,使得其投标报价可能低于其个别成本的,应要求该投标人作出书面说明并提供相应的证明材料。投标人不能合理说明或不能提供相应证明材料的,评标委员会应认定该投标人以低于成本报价竞标,并否决其投标。

3.5 投标文件相关信息的核查

3.5.1 在评标过程中,评标委员会应查询交通运输主管部门"公路建设市场信用信息管理系统",对投标人的资质、业绩、主要人员资历和目前在岗情况、信用等级等信息进行核实。若投标文件载明的信息与交通运输主管部门"公路建设市场信用信息管理系统"发布的信息不符,使得投标人的资格条件不符合招标文件规定的,评标委员会应否决其投标。

3.5.2 评标委员会应对在评标过程中发现的投标人与投标人之间、投标人与招标人之间存在的串通投标的情形进行评审和认定。投标人存在串通投标、弄虚作假、行贿等违法行为的,评标委员会应否决其投标。

(1)有下列情形之一的,属于投标人相互串通投标:

a. 投标人之间协商投标报价等投标文件的实质性内容;

b. 投标人之间约定中标人;

c. 投标人之间约定部分投标人放弃投标或中标;

d. 属于同一集团、协会、商会等组织成员的投标人按照该组织要求协同投标;

e. 投标人之间为谋取中标或排斥特定投标人而采取的其他联合行动。

(2)有下列情形之一的,视为投标人相互串通投标:

a. 不同投标人的投标文件由同一单位或个人编制;

b. 不同投标人委托同一单位或个人办理投标事宜;

c. 不同投标人的投标文件载明的项目管理成员为同一人;

d. 不同投标人的投标文件异常一致或投标报价呈规律性差异;

e. 不同投标人的投标文件相互混装;

f. 不同投标人的投标保证金从同一单位或个人的账户转出。

(3)有下列情形之一的,属于招标人与投标人串通投标:

a. 招标人在开标前开启投标文件并将有关信息泄露给其他投标人;

b. 招标人直接或间接向投标人泄露标底、评标委员会成员等信息;

c. 招标人明示或暗示投标人压低或抬高投标报价;

d. 招标人授意投标人撤换、修改投标文件;

e. 招标人明示或暗示投标人为特定投标人中标提供方便;

f. 招标人与投标人为谋求特定投标人中标而采取的其他串通行为。

(4) 投标人有下列情形之一的,属于弄虚作假的行为:

a. 使用通过受让或租借等方式获取的资格、资质证书投标;

b. 使用伪造、变造的许可证件;

c. 提供虚假的财务状况或业绩;

d. 提供虚假的项目负责人或主要技术人员简历、劳动关系证明;

e. 提供虚假的信用状况;

f. 其他弄虚作假的行为。

3.6 投标文件的澄清和说明

3.6.1 在评标过程中,评标委员会可以书面形式要求投标人对投标文件中含义不明确的内容、明显文字或计算错误进行书面澄清或说明。评标委员会不接受投标人主动提出的澄清、说明。投标人不按评标委员会要求澄清或说明的,评标委员会应否决其投标。

3.6.2 澄清和说明不得超出投标文件的范围或改变投标文件的实质性内容。投标人的书面澄清、说明属于投标文件的组成部分。

3.6.3 评标委员会不得暗示或诱导投标人作出澄清、说明,对投标人提交的澄清、说明有疑问的,可以要求投标人进一步澄清或说明,直至满足评标委员会的要求。

3.6.4 凡超出招标文件规定的或给发包人带来未曾要求的利益的变化、偏差或其他因素在评标时不予考虑。

3.7 不得否决投标的情形

投标文件存在第二章"投标人须知"第1.12.3项所列情形的,均视为细微偏差,评标委员会不得否决投标人的投标,应按照第二章"投标人须知"第1.12.4项规定的原则处理。

3.8 评标结果

3.8.1 除第二章"投标人须知"前附表授权直接确定中标人外,评标委员会按照经评审的价格由低到高的顺序推荐中标候选人,并标明排序。

3.8.2 评标委员会完成评标后,应向招标人提交书面评标报告。

第四章　合同条款及格式

第一节 通用合同条款

通用合同条款

一、适用条件

1. 合同适用条件

1.1 本合同适用于新疆维吾尔自治区农村公路建设项目。

1.2 施工图设计文件经过审查批准,列入建设计划,资金落实到位,征地拆迁工作已经完成。

2. 合同文件及优先顺序

组成合同的各项文件应互相解释,互为说明。除项目专用合同条款另有约定外,解释合同文件的优先顺序如下：

(1)合同协议书及各种合同附件(含评标期间和合同谈判过程中的澄清文件和补充资料);

(2)中标通知书;

(3)投标函及投标函附录;

(4)专用合同条款;

(5)通用合同条款;

(6)工程量清单计量规则;

(7)技术规范;

(8)图纸;

(9)已标价工程量清单;

(10)承包人有关人员、设备投入的承诺及投标文件中的施工组织设计;

(11)其他合同文件。

3. 适用法律及规范

3.1 适用法律和法规

本合同服从国家法律和行政法规、部门规章以及新疆维吾尔自治区地方法规、自治条例、单行条例和地方政府规章。

3.2 适用标准、规范

现行国家标准、规范,交通运输部行业标准、规范,地方标准、规范适用本合同。发包人及承包人应注意标准、规范及规程的变更,在招投标及项目实施期内出现应采用有效版本的标准、规范及规程,不发生由此引起的费用变更。

4. 图纸和技术资料

4.1 合同协议书签订之后,发包人免费向承包人提供施工图纸(相关技术资料)两份,向承包人进行技术交底。

4.2 发包人有权通过监理人向承包人发出为满足本合同工程的正确实施和完成及其缺陷修复所需的补充图纸和有关指示,承包人应予执行。

二、双方一般义务和责任

5. 发包人一般义务和责任

5.1 发包人应在其组织实施本合同的全部工作中遵守与本合同有关的法律、法规和规章,同时应承担合同条款中规定的一般义务和责任,并应承担由于自身违反上述法律、法规和规章的责任。

5.2 发包人应负责工程用地范围内的征地拆迁工作,并承担相关费用。发包人应协助承包人办理法律规定的有关本项目的施工手续。

按时向承包人提供施工用地,保证按时开工。由于发包人未能按照本项规定办妥永久占地征用手续及施工用地,影响承包人及时使用永久占地及施工用地造成的费用增加和(或)工期延误应由发包人承担。

5.3 工程实行社会监理的,发包人将委托的监理人、监理内容及监理权限以书面形式通知承包人。

5.4 监理人按合同规定向承包人发出开工通知(应征得发包人同意)。

5.5 发包人应及时提供设计图纸及资料(包括变更设计),因发包人的原因造成的停工、窝工,除应允许承包人延长相应工期外,还应补偿由此对承包人造成的损失。补偿额由监理人在现场核查后计算其数额,报发包人批准后支付。

5.6 发包人向承包人支付的预付款金额见合同条款数据表。承包人提交的履约保证金对预付款的正常使用承担保证责任,承包人无须再向发包人提交预付款保函。

5.7 发包人在接到监理人审定的中期支付报告后14天内拨付工程进度款。在中期支付中应扣除预付款,预付款的扣回按合同条款17.3款执行。监理人签发中期支付证书的时限为14天。

5.8 发包人在接到监理人交工验收报告后在符合交工验收条件的情况下14天内组织交工验收,发包人应在收到承包人缴纳的质量保证金后28天内将履约保证金退还给承包人。

交工后进入缺陷责任期,缺陷责任期见合同条款数据表。发包人应按合同约定及时组织竣工验收,签发缺陷责任终止证书,退返质量保证金。

6. 承包人一般义务和责任

6.1 承包人在执行本工程合同全过程中应遵守与本合同有关的法律、法规和规章,并保证发包人免于承担因承包人违反法律而引起的任何责任。同时应承担合同条款中规定的义务和责任,并承担由于自身违反上述法律、法规和规章的任何责任。

6.2 承包人应按合同约定以及监理人根据合同文件作出的指示,实施、完成全部工程,并修补工程中的任何缺陷。除专用合同条款另有约定外,承包人应提供为完成合同工作所需的劳务、材料、施工设备、工程设备和其他物品,并按合同约定负责临时设施的设计、建造、运行、维护、管理和拆除。

6.3 承包人应仔细核查发包人提供的设计文件,对于存在的错误或疏忽,应及时通知监理人。

6.4 承包人应保证其履约保证金在发包人签发交工验收证书且承包人按照合同约定缴纳质量保证金前一直有效。

6.5 承包人应设立针对该项目的独立银行账户,所有要求用于该项目的资金不得挪作他用,否则发包人有权终止合同,没收履约保证金。

6.6 承包人应按有关法律规定纳税,其费用包括在合同价格内。

6.7 承包人应认真执行监理人发出的与合同有关的任何指令,及时进场施工,按时完成合同规定的全部承包内容。

6.8 承包人应按合同约定指派项目经理、项目总工,并在约定的期限内到职。承包人更换项目经理、项目总工应事先征得发包人同意。进入现场的职工,应能胜任其本职工作。发包人和承包人在合同谈判阶段确定的其他管理和技术人员必须及时进场。承包人应按发包人和承包人在合同谈判阶段确定的主要机械设备和试验检测设备按时到达施工现场。人员、机械、试验仪器设备不得拖延、短缺或任意更换。否则将视为承包人违约。承包人应按有关规定,确保工程及其人员、材料、设备和设施的安全,防止因工程施工造成的人员伤害和财产损失。

6.9 承包人应按设计图纸及相关资料和规范要求,精心组织施工,并对现场文明施工、环境保护及作业和施工方法的完备性和可靠性负全部责任。不合格的材料及机械设备不得运入现场。

6.10 承包人不得从为发包人、监理人服务的人员中招聘雇员或工人。雇用员工应订立劳务合同,执行国家有关劳动保障规定,不得无故克扣或拖欠劳务人员的工资。

6.11 承包人应为本合同的施工建立强有力的质量保证体系和质检体系,建立质量责任制、加强质量监控,完备检验手段,对现场施工的可靠性、安全性承担全部责任。

6.12 批准的设计文件中要求的所有事项应视为合同条款所要求的,若有争议,以监理人发出的指令为准。

6.13 承包人应负责工程移交前的照管和维护工作,确保工程正式移交时不受到损坏。

6.14 承包人应在工程交工验收合格证书签发后14天内完成工地清理并撤离人员、设备和剩余材料。未完成缺陷责任而留置的人员、设备、材料除外。

6.15 承包人应按国家有关劳动保护的规定,保障其雇佣人员的合法权益。

(1)承包人应严格遵守国家及地方政府有关解决拖欠工程款和农民工工资的法律、法规、规章及规范性文件,及时支付工程中的材料、设备货款及农民工工资等费用。对恶意拖欠和拒不按计划支付的,作为不良记录纳入公路建设市场信用信息管理系统。

(2)承包人应当依法与每一名农民工或具有劳务资质的劳务公司签订合同,合同中应当明确约定工作内容、工作要求、工作条件、工作地点、安全生产要求、劳动报酬(包括工日单价或计量单价)、支付时间和支付方式等内容,在签订劳务或劳动合同后,农民工方可进场。承包人临时或短期聘用农民工的,应当签订短期临时合同。

(3)承包人项目部应当配备劳资专管员,对农民工实行实名制管理,记录施工人员进出场情况和施工现场作业农民工的身份信息、劳动考勤,建立工资结算与支付等管理台账,审核分包人编制的农民工工资支付表,实时掌握施工现场用工及其工资支付情况,不得以包代管。

(4)农民工工资的发放,应严格按照国家及地方政府有关法律、法规、规章及规范性文件的规定执行。

承包人应分解工程价款中的人工费用,在工程项目所在地银行开设农民工工资(劳务费)专用账户,专项用于支付农民工工资。发包人应按照本合同约定的比例或承包人提供的人工费用数额,足额支付人工费用,将应付工程款中的人工费单独拨付到承包人开设的农民工工资(劳务费)专用账户。农民工工资(劳务费)专用账户应向人力资源社会保障部门和交通运输主管部门备案,并委托开户银行负责日常监管,确保专款专用。开户银行发现账户资金不足、被挪用等情况,应及时向人力资源社会保障部门和交通运输主管部门报告。

分包人应按月考核农民工工作量并编制工资支付表,经农民工本人签字确认后,交承包人汇总核定并报发包人。发包人支付工程款中的人工费用后,承包人将核定的分包人工资支付表提交银行,由银行通过专用账户将工资代付到农民工个人银行账户,并向分包人提供代发工资凭证。

(5)为确保施工过程中农民工工资实时、足额发放到位,承包人应按照项目合同条款约定的时间、金额、形式缴存农民工工资保证金。

农民工工资保证金的缴存时间:承包项目开工前。

农民工工资保证金的缴存金额:按《新疆维吾尔自治区农民工工资保证金管理暂行办法》(新政办发〔2007〕114号)的有关规定缴纳。

农民工工资保证金的缴存形式:可采用银行保函或现金、支票形式。采用银行保函时,出具保函的银行须具有相应担保能力,且按照发包人批准的格式出具,所需费用由承包人承担。

若发生拖欠农民工工资的情况,发包人有权动用此保证金支付被拖欠的农民工工资。此保证金不足以支付拖欠的农民工工资，不足金额在履约保证金金及质量保留金中支付。农民工工资保证金的扣留条件、返还时间按照项目合同条款的约定执行：

农民工工资保证金的扣留条件：承包人拖欠工资被责令限期支付逾期未支付时。

农民工工资保证金的返还时间：交工证书签发后两个月内无农民工工资纠纷发生，发包人将保证金全额退还给承包人。

（6）承包人应当在施工现场醒目位置设立维权信息告示牌，按照行政监督部门和发包人的要求进行维权信息公示明示。工程通过交工验收后，承包人对无拖欠农民工工资情况进行不少于30日的公示，公示期间无举报投诉的，持发包人审核确认意见到开户银行办理农民工工资专用账户撤销手续，账户内余额归承包人所有。

（7）为认真贯彻落实新疆维吾尔自治区党委、人民政府关于使用农民工解决我区农村劳动力过剩、增加农民收入有关问题的指示精神，承包人应严格按《关于印发自治区固定资产投资项目促进农村劳动力培训就业工作实施方案的通知》（新政办发〔2017〕62号）、《关于在公路基础设施建设中使用农民工有关意见的通知》（新交综〔2003〕42号文）、《新疆维吾尔自治区交通厅关于交通建设项目防止拖欠工程款和农民工工资管理暂行办法（试行）》《新疆维吾尔自治区公路工程建设农民工用工管理办法（试行）》（新交工程〔2017〕16号）等相关规定，在施工中选用除技术工以外的普工时要使用项目沿线或附近的农民工，且数量不得低于普工总数的90%；要制定相应的计划和措施。

6.16 承包人应负责处理其雇佣人员因工伤亡事故的善后事宜。

6.17 承包人应按国家有关劳动保护的规定，采取有效的防止粉尘、降低噪声、控制有害气体和保障高温、高寒、高空作业安全等劳动保护措施。其雇佣人员在施工中受到伤害的，承包人应立即采取有效措施进行抢救和治疗。

6.18 承包人应为其雇佣人员提供必要的食宿条件，以及符合环境保护和卫生要求的生活环境，在远离城镇的施工场地，还应配备必要的伤病防治和急救的医务人员与医疗设施。

6.19 承包人应履行的其他义务

（1）凡是与已建铁路、公路、堤防、通信及电力缆线、供水、输油、输气管道、居民住宅区等有交叉、干扰的地段，承包人应在不干扰铁路、公路正常营运以及注意保护地下管线、不干扰附近居民的正常生活的前提下合理安排施工组织计划，采取有效措施保证施工安全，在现场设置施工和安全标志，并在必要时疏导现有交通流；凡是标段内与其他在建工程有互扰的地段，承包人应做好与其他施工单位的协调工作；凡是标段内地形复杂、存在软土路基、场地狭窄的地段，承包人应按照施工要求制定完善的施工组织计划。承包人应对上述所有工作负责，发包人将根据承包人的要求给予适当协助。承包人应将其采取上述措施而可能发生的全部费用视为已包括在或计入在本合同工程已标价的工程量清单的各相关工程细目的单价或总额价中，发包人将不另行支付。

如因承包人采取的措施不利，影响铁路、公路、通信及电力缆线、供水、输油、输气管道等正常安全营运、居民的正常生活而给其他部门或个人造成的一切损失，或由于上述原因造成本工程工期的拖延或施工费用的增加,均由承包人自行负责,发包人不承担任何责任。

(2)承包人在进场前及进场施工后,应充分了解工程所在地的民族习惯、宗教信仰、饮食禁忌等情况,并尊重当地居民的各种习俗,在施工队伍中做好宣传教育工作,否则,因承包人的员工破坏当地风俗习惯造成的恶劣影响及给发包人带来的损失由承包人承担。

三、施工组织计划和工期

7. 进度计划

7.1　承包人应在签订合同协议书后14天内,向监理人提交两份其格式和内容符合规定的施工计划,以及为完成该计划而建议采用的实施性施工安排和施工方案的说明。监理人应在14天内对承包人施工进度计划和施工方案说明予以批复或提出修改意见,经监理人审查后报发包人批准。经批准的施工进度计划是控制合同工程进度的依据。

7.2　承包人应在确保合同工期的前提下,每月对进度计划修订一次,并应在每月的25日前提交给监理人审查;监理人批复修订合同进度计划的期限:收到修订合同进度计划后3天内。

7.3　承包人编制施工方案中要有确保工程顺利实施的保证措施。

8. 开工和延误

8.1　工程开工分项目开工和分部工程开工两种。

(1)项目开工:承包人应在签订合同协议后14天内向监理人提交开工报告,主要内容应包括施工管理机构的建立,劳务、机械设备、材料的进场情况,临时设施的修建及总体施工组织计划等。

(2)分部工程开工:承包人应在分部工程开工前7天向监理人提交分部工程开工报告,若承包人的开工准备、工作计划和质量控制方法是可接受的,经监理人书面同意,分部工程才能开工。

8.2　由于下述原因之一而影响施工进度,承包人有权要求延长工期和(或)增加费用:

(1)增加合同工作内容;

(2)改变合同中任何一项工作的质量要求或其他特性;

(3)连续降大雨3天以上或特大洪水,连续7天8级以上的大风,或出现其他异常恶劣的气候条件(是指项目所在地30年以上一遇的罕见气候现象,包括温度、降水、降雪、风等);

(4)提供图纸延误;

（5）未按合同约定及时支付预付款、进度款；
（6）由于发包人原因导致的暂停施工；
（7）不是由于承包人的失误或违约而发生的其他特殊情况。

8.3　承包人应在上述情况发生后7天内向监理人发出要求延期的申请，并提交延期的详细情况与缘由，监理人在收到最后详细资料后7天内调查核实并经发包人批准后予以答复，逾期不答复也不提出修改意见，则应视为承包人延期请求已获得发包人批准。

8.4　由于承包人原因，未能按合同进度计划完成工作，或监理人认为承包人施工进度不能满足合同工期要求的，承包人应采取措施加快进度，并承担加快进度所增加的费用。由于承包人原因造成工期延误，承包人应支付逾期违约金。逾期交工违约金的计算方法在合同条款数据表中约定，时间自预定的交工日期起到交工验收证书中写明的实际交工日期止（扣除已批准的延长工期），按天计算。逾期交工违约金累计金额最高不超过合同条款数据表中写明的限额。但不免除承包人完成工程及修补缺陷的义务。

9. 工期提前

发包人不得随意要求承包人提前交工，承包人也不得随意提出提前交工的建议。如遇特殊情况，发包人确需将工期提前的，发生的费用由发包人承担，发包人和承包人必须采取有效措施，确保工程质量。

10. 暂停施工及复工

10.1　承包人暂停施工增加的费用和（或）工期延误由承包人承担，包括：
（1）承包人违约引起的暂停施工；
（2）由于承包人原因为工程合理施工和安全保障所必需的暂停施工；
（3）承包人擅自暂停施工；
（4）承包人其他原因引起的暂停施工；
（5）现场气候条件导致的必要停工（异常恶劣气候条件除外）。

10.2　监理人认为有必要时，可向承包人作出暂停施工的指示，承包人应按监理人指示暂停施工。不论由于何种原因引起的暂停施工，暂停施工期间承包人应负责妥善保护工程并提供安全保障。因发包人或监理人的行为或失误引起的停工，由发包人承担相应的费用补偿，相应工期顺延；由承包人原因造成的停工由承包人承担发生的费用，工期不予顺延。

10.3　由于发包人原因引起的暂停施工造成工期延误的，承包人有权要求发包人延长工期和（或）增加费用，并支付合理利润。在自暂时停工之日起28天内，监理人仍未发出复工通知，承包人可向监理人提交书面通知，要求自收到该通知后14天内准许已

经暂停的工程(或其部分工程)继续施工。如果监理人逾期不予批准,则承包人可以(但并非必须)作如下选择:

(1)如果暂停施工仅涉及本工程的一部分时,则可将该部分工程从本合同中取消,同时将此事通知监理人;

(2)如果暂停施工影响到整个合同工程时,可视为发包人违约,并由发包人承担违约责任。

10.4 复工

(1)暂停施工后,发包人、监理人和承包人应积极协商,采取有效措施积极消除暂停施工的影响。当工程具备复工条件时,监理人应立即向承包人发出复工通知。承包人收到复工通知后,应在监理人指定的期限内复工。

(2)承包人无故拖延和拒绝复工的,由此增加的费用和工期延误由承包人承担;因发包人原因无法按时复工的,承包人有权要求发包人延长工期和(或)增加费用,并支付合理利润。

11. 工程竣(交)工

11.1 工程完工,通过交工验收质量达到合格,并已按《新疆维吾尔自治区重要农村公路竣(交)工验收办法(试行)》的规定和地方交通主管部门的规定编制了竣工图表和竣工资料后,承包人可就此向监理人申请交工验收,同时抄送发包人。监理人在收到该申请后,应在7天内审核并报发包人,发包人在收到申请后14天内应组织交工验收,并写出交工验收报告报上级主管部门备案,同时发包人在交工验收合格后14天内,向承包人签发交工证书,各合同段交工验收工作所需费用由承包人承担。并办理合同工程移交管养工作。工程进入缺陷责任期。

11.2 全部工程完工后,在全部工程交工证书签发之前,承包人须向发包人提交3套完整、合格的竣工文件与施工文件。在缺陷责任期内应补充的竣工资料应在签发缺陷责任证书之前提交。在承包人实施和完成本合同工程及其缺陷修复的义务后,应由监理人根据合同规定核查缺陷责任修复完成后填写缺陷责任终止证书,报发包人同意后,由发包人在缺陷责任期终止后21天之内发出。

11.3 工程全部完工并通过交工验收后,发包人应向上级主管部门申请进行竣工验收。组织办理竣工验收的费用,由发包人承担。

11.4 工程接收证书颁发后,承包人应按要求对施工场地进行清理,直至监理人检验合格为止。竣工清场费用由承包人承担。

11.5 施工期运行

11.5.1 施工期运行是指合同工程尚未全部竣工,其中某项或某几项单位工程或工程设备安装已竣工,根据专用合同条款约定,需要投入施工期运行的,经发包人按第11.1款的约定验收合格,证明能确保安全后,才能在施工期投入运行。

11.5.2 在施工期运行中发现工程或工程设备损坏或存在缺陷的,由承包人按第

21.2 款约定进行修复。

11.6 试运行

11.6.1 除专用合同条款另有约定外,承包人应按专用合同条款约定进行工程及工程设备试运行,负责提供试运行所需的人员、器材和必要的条件,并承担全部试运行费用。

11.6.2 由于承包人的原因导致试运行失败的,承包人应采取措施保证试运行合格,并承担相应费用。由于发包人的原因导致试运行失败的,承包人应当采取措施保证试运行合格,发包人应承担由此产生的费用,并支付承包人合理利润。

四、质量与检验

12. 工程质量与检验

12.1 承包人应保证其实施的工程质量达到约定的质量标准,质量标准的评定以交通运输部及新疆维吾尔自治区交通运输厅有关质量检验评定标准规定为依据。因承包人原因,工程质量达不到合同约定验收标准的,监理人有权要求承包人返工直至符合合同要求为止,承包人承担由此造成的费用增加和(或)工期延误。

因发包人原因造成工程质量达不到合同约定验收标准的,发包人应承担由于承包人返工造成的费用增加和(或)工期延误,并支付承包人合理利润。

12.2 承包人的质量管理

(1)承包人应在施工场地设置专门的质量检查机构,配备专职质量检查人员,建立完善的质量检查制度。承包人应在合同约定的期限内,提交工程质量保证措施文件,包括质量检查机构的组织和岗位责任、质检人员的组成、质量检查程序和实施细则等,报送监理人审批。

(2)发包人和承包人应严格遵守交通运输部和新疆交通运输厅有关公路工程质量责任制和质量问题责任追究的相关规定,施行质量责任终身制,制定相关质量保证措施。

(3)用于本工程的材料和设备进场以前,承包人必须向监理人提交生产厂商出具的质量合格证书和承包人检验合格证书,证明材料、设备质量符合技术规范的规定。

(4)承包人应随时按监理人的指令在制造、加工或施工现场对材料和设备进行检验。

(5)承包人应为监理人对材料或设备的检验提供一切必要的协助,在材料用于工程之前,应按监理人的要求提供材料样品以供检验。

(6)承包人应加强质量监控,确保规范规定的检验、抽检频率,现场质检的原始资料必须真实、准确、可靠,不得追记,接受质量检查时必须出示原始资料。

(7)承包人必须完善检验手段,根据技术规范的规定配齐检测和试验仪器、仪表,并应及时校正确保其精度;根据合同要求加强工地试验室的管理;加强标准计量基础工作和材料检验工作,不得违规计量,不合格材料严禁用于本工程。

(8)所有施工操作工艺应符合本合同的规定以及监理人的指令。

(9)对工程质量有争议,监理人可委托独立的工程质量检测机构鉴定,所需费用及因此造成的损失,由责任方承担。双方均有责任的,由双方根据其责任大小分别承担。

(10)承包人应合理安排施工计划,合理安排工期,尽量避免工程越冬施工。如必须越冬,要采取必要的措施,保证工程质量;所发生的费用,承包人在报价中要充分考虑,发包人不单独支付。

12.3 监理人根据检查或检验结果可以拒收有缺陷或不符合合同要求的材料或设备,并通知承包人说明拒收的理由;承包人应立即修复所述缺陷或替换被拒收材料或设备使其符合合同规定;如果监理人要求在相同条件下进行被拒收材料或设备的检验,其检验所发生的费用由承包人承担。

12.4 监理人有权随时就下述事项发出指令:

(1)责成承包人在规定的时间内,一次或分次将不符合合同规定的材料或设备从现场运走,并用合格适用的材料或设备取代;

(2)不管先前是否已经检验或中期付款,如果监理人认为工程的任何部分由于材料、设备或操作工艺或承包人设计的局部工程不符合合同规定时,由承包人将这些工程拆除并彻底重做;

(3)承包人使用不合格材料、工程设备,或采用不适当的施工工艺,或施工不当,造成工程不合格的,监理人可以随时发出指示,要求承包人立即采取措施进行替换、补救或拆除重建,直至达到合同要求的质量标准,由此增加的费用和(或)工期延误由承包人承担;

(4)如果承包人未在规定时间内执行监理人的指示,发包人有权雇用他人执行,由此增加的费用和(或)工期延误由承包人承担。

12.5 工程隐蔽部位覆盖前的检查

(1)没有监理人的批准,任何隐蔽工程均不得覆盖或掩蔽。当任何一部分工程或基础已经或即将为检查做好准备时,承包人应事先通知监理人,并约定检查的时间,监理人则应按时派员参加上述工程或基础的检查和量测;如果监理人认为没有必要参与检查,应就此通知承包人;如果上述约定时间后的6小时内,监理人或其代表未能到场对上述工程或基础进行检查和量测,承包人即可自行检查,并如实作出自检报告后覆盖或掩蔽,监理人事后应予以认可。

(2)重新检验

承包人应按监理人发出的指示,剥开工程的任何一部分或开孔,并负责使该部分恢复原状。检验符合合同规定,监理人在同发包人和承包人适当协商后,应确定剥开或开孔及恢复原状的费用,由发包人承担由此增加的费用和(或)工期延误,并支付承包人合理利润。如检验不符合合同规定,所发生的相关费用由承包人承担。

(3)承包人未通知监理人到场检查,私自将工程隐蔽部位覆盖的,监理人有权指示承包人钻孔探测或揭开检查,由此增加的费用和(或)工期延误由承包人承担。

五、施工安全、治安保卫与环境保护

13. 施工安全、治安保卫

13.1 发包人的施工安全责任

(1)发包人应按合同约定履行安全职责,授权监理人按合同约定的安全工作内容监督、检查承包人安全工作的实施,组织承包人和有关单位进行安全检查。

(2)发包人应对其现场机构雇佣的全部人员的工伤事故承担责任,但由于承包人原因造成发包人人员工伤的,应由承包人承担责任。

(3)发包人应负责赔偿以下各种情况造成的第三者人身伤亡和财产损失:

工程或工程的任何部分对土地的占用所造成的第三者财产损失;

由于发包人原因在施工场地及其毗邻地带造成的第三者人身伤亡和财产损失。

13.2 承包人应遵守工程建设安全生产有关规定,采取有效的安全防护措施,消除事故隐患,确保所有在现场工作人员及机械设备的安全。由于承包人安全措施不力造成事故的责任和由此发生的费用,由承包人承担。承包人还应该:

(1)专职安全员的配备按《公路水运工程安全生产监督管理办法》(交通运输部令2017年第25号)的规定执行。

(2)特殊工种(电工、电梯工、起重工、电焊工、车船驾驶员、爆破工等)要经专业培训,并持有专业主管部门签发的合格证上岗。

(3)对于易燃易爆材料的运输、保管必须符合当地安全部门的有关规定,除应专门妥善保管外,并应配有足够的消防设备,所有施工人员都应熟悉消防设备的性能和使用方法。

(4)承包人应严格按照国家安全标准关于公路工程施工安全技术规范制定的施工安全操作规程,配备必要的安全生产和劳动保护设施,加强对承包人人员的安全教育,并发放安全工作手册和劳动保护用具。由于承包人原因在施工场地内及其毗邻地带造成的第三者人员伤亡和财产损失,由承包人负责赔偿。

(5)所有施工机具设备和高空作业的设备均应定期检查,并有安全员的签字记录。

(6)除项目专用合同条款另有约定外,安全生产费用应为投标价(不含安全生产费)的1.5%(若发包人公布了最高投标限价时,按最高投标限价的1.5%计)。安全生产费用应用于施工安全防护用具及设施的采购和更新、安全施工措施的落实、安全生产条件的改善,不得挪作他用。如承包人在此基础上增加安全生产费用以满足项目施工需要,则承包人应在本项目工程量清单其他相关子目的单价或总额价中予以考虑,发包人不再另行支付。因采取合同未约定的特殊防护措施增加的费用,由监理人商定或确定。

13.3 为了保护本合同工程免遭破坏或为了现场附近过往人群的安全、方便,在确有必要的时间和地方,当监理人或有关主管部门要求时,应自费提供照明、警卫、护栏、警告标志等安全防护措施。发包人或监理人不得以任何理由要求承包人违反安全管理的规定进行施工,由此导致的安全事故,由发包人承担相应责任及发生的费用。

13.4 承包人应按监理人的指示制定应对灾害的紧急预案,报送监理人审批。承包人还应按预案做好安全检查,配置必要的救助物资和器材,切实保护好有关人员的人身和财产安全。

13.5 合同约定的安全作业环境及安全施工措施所需费用应遵守有关规定,并包括在相关工作的合同价格中。

13.6 承包人应充分关注和保障所有在现场工作的人员安全,采取有效措施,使现场和本合同工程的实施保持有条不紊,以免使上述人员的安全受到威胁。

13.7 在整个施工过程中对承包人采取的施工安全措施,发包人和监理人有权监督,并向承包人提出整改要求。如果由于承包人未能对其负责的上述事项采取各种必要的措施而导致或发生与此有关的人身伤亡、罚款、索赔、损失补偿、诉讼费用及其他一切责任应由承包人负责。

13.8 治安保卫

(1)发包人应与当地公安部门协商,在现场建立治安管理机构或联防组织,统一管理施工场地的治安保卫事项,履行合同工程的治安保卫职责。

(2)发包人和承包人除应协助现场治安管理机构或联防组织维护施工场地的社会治安外,还应做好包括生活区在内的各自管辖区的治安保卫工作。

(3)发包人和承包人应在工程开工后,共同编制施工场地治安管理计划,并制定应对突发治安事件的紧急预案。在工程施工过程中,发生暴乱、爆炸等恐怖事件,以及群殴、械斗等群体性突发治安事件的,发包人和承包人应立即向当地政府报告。发包人和承包人应积极协助当地有关部门采取措施平息事态,防止事态扩大,尽量减少财产损失和避免人员伤亡。

14. 环境保护

14.1 承包人在施工过程中,应遵守有关环境保护的法律,切实执行环境保护方面的要求和规定,并对违反法律和合同约定的义务所造成的环境破坏、人为伤害和财产损失负责。

(1)对于来自施工机械和运输车辆的施工噪声,应遵守《中华人民共和国环境噪声污染防治法》并依据《工业企业噪声卫生标准》合理安排工作人员轮流操作筑路机械,减少接触高噪声的时间,或穿插安排高噪声的工作。对距噪声源较近的施工人员,除采取防护罩或头盔等有效措施外,应缩短其劳动时间,保护施工人员的健康。为保护施工现场附近居民的夜间休息,应对居民区150m以内的施工现场、施工时间加以控制。同时,要注意对机械的经常性维护,尽量使其噪声降低到最低水平。

(2)应采取有效措施减轻施工现场的灰土拌和、施工车辆和筑路机械运转和运输产生的扬尘污染,保护人民健康,如:

——拌和设备应有较好密封或有防尘设备。
——施工道路、沥青混凝土拌和站及稳定灰土拌和站应经常进行洒水处理。
——路面施工应注意保持水分,以免扬尘。
——桥梁钻孔灌注桩施工时排除的泥浆要作妥善处理,严禁向河流或农田排放。

（3）采取可靠措施保证原有交通的正常通行,维护沿线村镇的居民饮水、农田灌溉、生产生活用电及通信等管线的正常使用。

14.2 承包人应按合同约定的环保工作内容,编制施工环保措施计划,报送监理人审批。

14.3 在施工期间,承包人应合理设置取土场和弃土场,做好施工防护措施,防止水土流失。施工过程中要采取有效措施防止污染农田,项目完工后承包人应将临时占地自费恢复到临时占地使用前的状况。

14.4 承包人应严格按照国家有关法规要求,做好施工过程中的生态保护和水土保持工作。施工中要尽可能减少对原地面的扰动,减少对地面草木的破坏,需要爆破作业的,应按规定进行控爆设计。加强施工便道的管理,严禁在指定的取（弃）土场以外的地方乱挖乱弃。

14.5 在整个施工过程中对承包人采取的环境保护措施,发包人和监理人有权监督,并向承包人提出整改要求。如果由于承包人未能对其负责的上述事项采取各种必要的措施而导致或发生与此有关的人身伤亡、罚款、索赔、损失补偿、诉讼费用及其他一切责任应由承包人负责。

15. 事故处理

如果工程施工过程中,发生重大安全事故、质量事故,承包人必须在2小时内口头报告,24小时内将事故详细情况书面报监理人和发包人。如果现场发生一般安全事故,或质量事故,承包人必须在3天内将事故详细情况书面报告监理人和发包人。如果现场（包括临时道路）发生重大交通事故,承包人应尽快报告监理人,同时应迅速报告当地交通安全管理部门。质量事故等级划分遵照交通运输部发布的《公路工程质量管理办法》（交公路发〔1999〕90号）中的规定。

六、合同价款支付

16. 合同价款支付

16.1 发包人与承包人依据中标价在合同协议书内约定合同价款。

16.2 承包人应在每月的25日前,按监理人审定的《工程进度中期支付报表》中的工程数量及相关的支付额报发包人,发包人据以支付工程进度款。除不可抗拒的自然灾害、特殊社会风险及发包人批准的设计变更外,工程总支付金额不应超过合同价（不包括暂列金额)。

17. 预付款

17.1 承包人在合同文件载明的人员、主要设备进场后,可得到预付款支付,预付款必须专用于合同工程。

17.2 预付款在进度付款中扣回,在颁发工程接收证书前,由于不可抗力或其他原因解除合同时,预付款尚未扣清的,尚未扣清的预付款余额应作为承包人的到期应付款。

17.3 开工预付款在进度付款证书的累计金额未达到签约合同价的30%之前不予扣回,在达到签约合同价30%之后,开始按工程进度以固定比例(即每完成签约合同价的1%,扣回开工预付款的2%)分期从各月的进度付款证书中扣回,全部金额在进度付款证书的累计金额达到签约合同价的80%时扣完。

17.4 材料预付款按合同条款数据表中所列主要材料单据费用(进口的材料、设备为到岸价,国内采购的为出厂价或销售价,地方材料为堆场价①)的百分比支付,预付款比例按照项目专用合同条款数据表的规定计算。其余附加条件为:

(1)材料符合规范要求并经监理人认可;
(2)承包人已出具材料费用凭证或支付单据;
(3)材料已在现场交货,且存储良好,监理人认为材料的存储方法符合要求。

则监理人应将此项金额作为材料预付款计入下一次的进度付款证书中,在预计交工前3个月,将不再支付材料预付款。

18. 计量与支付

18.1 承包人应在每月25日前,经监理人现场核实已完成的合格工程数量,确定其价款,监理人签字后作为工程价款支付的依据。

本项目工程量清单中总额价子目的支付原则和支付进度按实际完成工程量及时限计量支付,并执行以下原则:

102-1 竣工文件:按交通运输部及新疆维吾尔自治区交通运输厅规定的竣工文件和施工文件编制的有关规定,编制出3套完整合格的竣工文件;装订尺寸及方法符合档案管理的有关规定。竣工验收后支付此项费用的90%,剩余部分在缺陷责任期满、应补齐的资料补齐后支付。

102-2 施工环保费:施工过程中注意保护工程范围以外的土地植被、当地水源、灌溉渠道,污水排放达到国家规定标准;沥青混合料拌和场必须设置在离居民区、学校、医院300m以外的下风处;将扬尘、噪声控制在最低水平。工程开工后,监理人对承包人实施环保措施满意,支付此项费用的30%,工程交工验收时没有被投诉,支付剩余的70%。

---

① 堆场价为材料(或设备)的出厂价或销售价。

如被罚款,费用自负。

103-1 临时道路修建、养护与拆除(包括原道路的养护):承包人根据需求和需要修建的社会交通便道和施工现场的临时道路,并设置必要的交通标志,临时道路(包括原有道路)应加强养护、降低扬尘。临时道路修建后经监理人签认后支付此项费用的80%,交工后拆除恢复原地貌,工程交工验收后支付剩余的20%。

103-2 临时工程用地:承包人根据现场考察和施工组织计划确定临时工程用地及费用。该项费用包含承包人生产、生活用地,施工中取土场、料场用地,临时工程及附属工作临时用地。经监理人签认后支付此项费用的80%,交工后拆除恢复原地貌后,工程交工验收后支付剩余的20%。

103-3 临时供电设施架设、维护与拆除:开工报告批准的临时供电设施安装后支付此项费用的80%,交工后拆除所安装设备及系统恢复到工程实施前的状态,工程交工验收后支付剩余的20%。

103-4 电信设施的提供、维护与拆除:开工报告批准的临时电信设施安装后支付此项费用的80%,交工后拆除所安装设备及系统恢复到工程实施前的状态,工程交工验收后支付剩余的20%。

103-5 临时供水与排污设施:供水与排污设施实施经监理人签认后支付此项费用的90%,交工后拆除其全部临时排污设施恢复到工程实施前的状态,工程交工验收后支付剩余的10%。

104-1 承包人驻地建设:驻地建设完成、开工报告批准、工地试验室制备齐全后支付此项费用的90%,按照合同或协议将驻地移走、清除、恢复原貌后,工程交工验收后支付剩余的10%。

105-1 安全生产费:施工安全设施费用及与此有关的一切作业经监理人对工程安全生产情况检查达到安全合格标准后,以总额的90%按月(合同工期)平均分次支付,交工验收后经监理人同意后支付剩余的10%。如承包人在此基础上增加安全生产费用以满足项目施工需要,则承包人应在本项目工程量清单其他相关子目的单价或总额价中予以考虑,发包人不再另行支付。

18.2 对承包人超出设计图纸范围和因承包人原因造成返工的工程量,不予计量。

18.3 月支付:

(1)承包人应在每月25日前向监理人提交由其项目经理签署的按《工程进度计量报表》格式填写的月结账单一式6份;

(2)监理人在收到月结账单后7天内签发中期支付证书,签发时应写明其认为应到期结算的价款及需要扣留和扣回的款额并报发包人审批;

(3)发包人应在收到该中期支付证书后14天内支付给承包人。如果发包人在上述期限内未能付款,发包人应按全国银行间同业拆借中心公布的1年期贷款市场报价利率向承包人支付未付款额的利息,付息时间从应付而未付该款额之日算起。

18.4 在合同工程交工证书签发后42天之内,承包人应向监理人提交一份交工结

算单,并附上详细文件,表明:

(1)按交工证书中写明的交工日期,完成的合同全部工程的最终价值;

(2)承包人认为应支付的其他款项。

18.5 在缺陷责任期满的 14 天内,承包人应向监理人提交一份最后结账单草案,并附上详细的证明文件,供监理人考虑,表明:

(1)根据合同规定已经完成的全部工程价值;

(2)承包人根据合同规定认为应该支付的任何其他的款项。

18.6 在提交最后结账单的同时,承包人应给发包人一份书面清账书并抄送监理人,确认最后结账单中的总额作为应付给承包人的全部款项的最后结算。

在最后结账单收到 7 天内,监理人应该签发一份最后支付证书报发包人批准,并抄送承包人,说明:

(1)根据合同规定的最后应付的款额;

(2)在对发包人以前所付的全部款额和发包人根据合同规定应得的全部款项予以确认后,发包人欠承包人或承包人欠发包人的差额;

(3)工程进度付款的修正,在对以往历次已签发的进度付款证书进行汇总和审核中发现错、漏或重复的,监理人有权修正,承包人也有权提出修正申请。经双方复核同意的修正,应在本次进度付款中支付或扣除。

18.7 质量保证金

(1)交工验收证书签发后 14 天内,承包人应向发包人缴纳质量保证金。质量保证金可采用银行保函或现金、支票形式,金额应符合项目专用合同条款数据表的规定。采用银行保函时,出具保函的银行须具有相应担保能力,且按照发包人批准的格式出具,所需费用由承包人承担。

质量保证金采用现金、支票形式提交的,发包人应在项目专用合同条款数据表中明确是否计付利息以及利息的计算方式。

(2)在缺陷责任期满,且质量监督机构已按规定对工程质量检测鉴定合格,承包人向发包人申请到期应返还承包人剩余的质量保证金金额,发包人应在 14 天内会同承包人按照合同约定的内容核实承包人是否完成缺陷责任。如无异议,发包人应当在核实后将剩余的质量保证金返还承包人。

(3)在缺陷责任期满时,承包人没有完成缺陷责任的,发包人有权扣留与未履行责任剩余工作所需金额相应的质量保证金余额,并有权根据第 21.4 款约定要求延长缺陷责任期,直至完成剩余工作为止。

七、试验和检验

19. 试验和检验

19.1 材料、工程设备和工程的试验和检验

（1）承包人应按合同约定进行材料、工程设备和工程的试验和检验，并为监理人对上述材料、工程设备和工程的质量检查提供必要的试验资料和原始记录。按合同约定应由监理人与承包人共同进行试验和检验的，由承包人负责提供必要的试验资料和原始记录。

（2）监理人未按合同约定派员参加试验和检验的，除监理人另有指示外，承包人可自行试验和检验，并应立即将试验和检验结果报送监理人，监理人应签字确认。

（3）监理人对承包人的试验和检验结果有疑问的，或为查清承包人试验和检验成果的可靠性要求承包人重新试验和检验的，可按合同约定由监理人与承包人共同进行。重新试验和检验的结果证明该项材料、工程设备或工程的质量不符合合同要求的，由此增加的费用和（或）工期延误由承包人承担；重新试验和检验结果证明该项材料、工程设备和工程符合合同要求，由发包人承担由此增加的费用和（或）工期延误，并支付承包人合理利润。

19.2 现场材料试验

（1）承包人根据合同约定或监理人指示进行的现场材料试验，应由承包人提供试验场所、试验人员、试验设备器材以及其他必要的试验条件。

（2）监理人在必要时可以使用承包人的试验场所、试验设备器材以及其他试验条件，进行以工程质量检查为目的的复核性材料试验，承包人应予以协助。

19.3 承包人采购材料设备

（1）除合同另有规定外，为完成本合同各项工作所需的材料和工程设备，均由承包人负责采购、验收、运输和保管。

（2）承包人与供货厂家的供货协议一经签订，应将一份副本提交监理人。

19.4 进场材料、设备必须符合合同规定，并经监理人认可。不合格的材料、设备应立即搬运出施工场地，不得用于本合同工程。

八、工程变更

20. 工程数量及价格的变更

20.1 发包人或监理人如认为有必要时，可根据规定对本合同工程中任何部分的结构形式、质量、等级或数量作出变更，包括：

（1）增加或减少本合同中的任何工程的数量；

（2）取消合同中的任何单项工程，但被取消的工程不能转由发包人或其他人实施，由于承包人违约造成的情况除外；

（3）改变合同中的任何一项工作的质量或其他特性；

（4）改变本工程任何部分的高程、基线、位置或尺寸；

（5）改变合同中任何一项工作的施工时间或改变已批准的施工工艺或顺序；

（6）完成本工程需要追加的额外工作。

20.2 价格调整

在合同实施期间,投标人填写的单价、合价和总额价不会由于物价波动进行价格调整;由于法律变化引起的价格调整,监理人应根据法律、国家或新疆维吾尔自治区有关部门的规定,商定确定需调整的合同价款。

20.3 如果发出本工程的变更指令是因承包人过错,承包人违反合同或因承包人责任造成的,则这种违约引起的任何额外费用应由承包人承担。

20.4 没有监理人指令,承包人不得擅自变更。变更指令应说明变更的目的、范围、变更内容以及变更的工程量及其进度和技术要求,并附有关图纸和文件。承包人收到变更指令后,应按变更指令进行变更工作。

20.5 变更工程的价格增加或减少额,应以已标价工程量清单中的单价或合计为依据。除专用合同条款另有约定外,因变更引起的价格调整按照以下约定处理。

(1)已标价工程量清单中有适用于变更工作的子目的,采用该子目的单价。

(2)已标价工程量清单中无适用于变更工作的子目,但有类似子目的,可在合理范围内参照类似子目的单价,由监理人按商定或确定原则变更工作的单价。

(3)已标价工程量清单中无适用或类似子目的单价,可按照成本加利润的原则,由监理人依据交通运输部或新疆维吾尔自治区交通运输厅的相关概算预算编制办法及定额编制单价,按商定或确定原则变更工作的单价。

20.6 暂列金额只能按监理人的批示使用,并对合同价款进行相应调整。

20.7 未经批准的设计变更,其费用不得进入决算。

20.8 变更类型及程序依照《新疆维吾尔自治区农村公路工程设计变更管理办法(试行)》的规定施行。

九、缺陷责任

21. 缺陷责任及修复

21.1 缺陷责任期从本合同工程交工证书签发之日起计算。承包人应在缺陷责任期内对已交付使用的工程承担缺陷责任。

21.2 在缺陷责任期满前,由发包人会同监理人在有关部门参加下,对工程进行一次全面核查,使本工程按合同所要求的条件,达到发包人和监理人认为合格的程度。要求承包人:

(1)在缺陷责任期内,尽快完成在交工证书中写明的未完工作,并完成对本工程缺陷的修复或监理人指令的修补工作;

(2)在缺陷责任期满后的14天内,按照发包人和监理人在缺陷责任期满前检查结果而发出的指令,对存在的缺陷或其他不合格之处进行修补、重建及修复。承包人不能在合理时间内修复缺陷的,发包人可自行修复或委托其他人修复,所需费用和利润由承包人承担。

21.3 在缺陷责任期内,因承包人原因造成的缺陷修复费用和复验费用应由承包人自行负责;不属于承包人原因造成的缺陷修复费用由监理人同承包人协商并报发包人批准。

21.4 由于承包人原因造成某项缺陷或损坏使某项工程不能按原定目标使用而需要再次检查、检验和修复的,发包人有权要求承包人相应延长缺陷责任期,但缺陷责任期最长不超过2年,自该项工程或设备修复之日算起。

21.5 保修期自实际交工日期起计算,具体期限在合同条款数据表中约定。在保修期内承包人应对由于施工质量原因造成的损坏自费进行修复。

21.6 工程保修期终止后28天内,监理人签发保修期终止证书。

21.7 若承包人不履行保修义务和责任,则承包人应承担由于违约造成的法律后果,并由发包人将其违约行为上报交通运输主管部门,作为不良记录纳入公路建设市场信用信息管理系统。

21.8 缺陷责任期满后14天内,由监理人向承包人出具经发包人签认的缺陷责任终止证书,并退还剩余的质量保证金。

十、违约、索赔和争议

22. 违约

22.1 发包人违约

22.1.1 下列情况属发包人违约:

(1)按合同约定,未向承包人支付根据监理人签发的支付证书项下的应付款额,或拖延、拒绝批准付款申请和支付凭证,导致付款延误的;

(2)发包人原因造成停工的;

(3)监理人无正当理由没有在约定期限内,发出复工指示,导致承包人无法复工的;

(4)未根据本合同任何条款而无理阻碍或拒绝对任何上述证书颁发的所需批准,则承包人有权终止对本合同项下的承包,并通知发包人,抄送监理人,该终止在发出通知14天后生效,发包人应承担违约责任,赔偿因其违约给承包人造成的损失,顺延延误的工期。

22.1.2 发包人发生违约情况时,承包人可向发包人发出通知,要求发包人采取有效措施纠正违约行为。发包人收到承包人通知后的28天内仍不履行合同义务,承包人有权暂停施工,并通知监理人,发包人应承担由此增加的费用和(或)工期延误,并支付承包人合理利润。

22.2 承包人违约

22.2.1 下列情况属承包人违约:

(1)无视监理人事先的书面警告,不履行其合同规定的义务;

(2)违反合同规定,私自将合同的全部或部分权利转让给其他人,或私自将合同的全部或部分义务转让给其他人；

(3)未按在合同谈判阶段确定的内容配备其他管理和技术人员、主要机械设备和试验检测设备、未按期提交施工组织计划；私自将已按合同约定进入场地的施工设备、临时设备或材料撤离施工场地；

(4)在监理人通知或指令发出 28 天内不遵守该通知或指令修复或运走、替换不合格材料、设备的；

(5)无正当理由延期开工或因进度滞后，在接到监理人加快进度通知 28 天内无正当理由、未能采取措施加快进行本工程或其关键部分的施工；

(6)未达到规定质量目标的；

(7)出现三级一般质量事故以上的；

(8)发生野蛮施工，造成环保事件或损坏原有建筑物的；

(9)因通行便道维护不力，造成社会恶劣影响的；

(10)拖欠劳务工资、设备、材料款，造成恶劣影响的；

(11)违反分包、转包规定的；

(12)承包人在缺陷责任期内，未能对工程接收证书所列的缺陷清单的内容或缺陷责任期内发生的缺陷进行修复，而又拒绝按监理人指示再进行修补的；

(13)违反其他合同规定履约义务的。

22.2.2 承包人承担违约责任，赔偿因其违约给发包人造成的损失。

22.2.3 监理人发出整改通知 28 天后，承包人仍不纠正违约行为的，发包人可向承包人发出解除合同通知。合同解除后，发包人可派员进驻施工场地，另行组织人员或委托其他承包人施工。发包人因继续完成该工程的需要，有权扣留使用承包人在现场的材料、设备和临时设施。但发包人的这一行为不免除承包人应承担的违约责任，也不影响发包人根据合同约定享有的索赔权利。

22.3 在履行合同过程中，一方当事人因第三人的原因造成违约的，应当向对方当事人承担违约责任。一方当事人和第三人之间的纠纷，依照法律规定或者按照约定解决。

22.4 合同解除后的估价、付款和结清

(1)合同解除后，监理人商定或确定承包人实际完成工作的价值，以及承包人已提供的材料、施工设备、工程设备和临时工程等的价值。

(2)合同解除后，发包人应暂停对承包人的一切付款，查清各项付款和已扣款金额，包括承包人应支付的违约金。

(3)合同解除后，发包人应约定向承包人索赔由于解除合同给发包人造成的损失。

(4)合同双方确认上述往来款项后，出具最终结清付款证书，结清全部合同款项。

(5)发包人和承包人未能就解除合同后的结清达成一致而形成争议的，按约定办理。

23. 索赔

23.1 当一方向另一方提出索赔时,要有正当索赔理由,并向监理人提交索赔事件发生时的有效证据。

23.2 发包人未能按合同约定履行自己的各项义务或发生错误,造成工期延误和承包人经济损失,承包人可按下列程序以书面形式申请索赔:

(1)索赔事件首次发生的21天之内,向监理人提出索赔意向书,并抄送发包人;

(2)发出索赔意向通知后21天内或监理人同意的另一期限内,承包人应送交监理人一份拟索赔款额的详细账目,并说明索赔所依据的理由;

(3)在索赔事件影响结束后的28天内,承包人应向监理人递交最终索赔通知书,说明最终要求索赔的追加付款金额和延长的工期,并附必要的记录和证明材料;

(4)监理人应对承包人按规定提供的索赔证据和详细账目进行审查核实,查验承包人的记录和证明材料,必要时监理人可要求承包人提交全部原始记录副本;在与承包人协商并报发包人批准后,确定承包人有权得到的全部的索赔款额,并按规定列入中期支付证书或最后支付证书内予以支付。监理人将此决定通知承包人,并抄送发包人。

23.3 承包人提出索赔的期限

(1)承包人按约定接受了竣工付款证书后,应被认为已无权再提出在合同工程接收证书颁发前所发生的任何索赔。

(2)承包人按约定提交的最终结清申请单中,只限于提出工程接收证书颁发后发生的索赔。提出索赔的期限自接受最终结清证书时终止。

23.4 发包人的索赔

(1)发生索赔事件后,监理人应及时书面通知承包人,详细说明发包人有权得到的索赔金额和(或)延长缺陷责任期的细节和依据。发包人提出索赔的期限和要求与承包人提出索赔期限和要求约定相同,延长缺陷责任期的通知应在缺陷责任期届满前发出。

(2)监理人按商定或确定发包人从承包人处得到赔付的金额和(或)缺陷责任期的延长期。承包人应付给发包人的金额可从拟支付给承包人的合同价款中扣除,或由承包人以其他方式支付给发包人。

24. 争议

24.1 无论在施工过程中或在工程竣工之后,无论在本合同的失效或终止之前或之后,如果发包人和承包人之间就本合同文件的条款、规定、规范、图纸、质量与进度要求,支付与扣除,延期与索赔发生任何法律上、经济上或技术上的纠纷,包括对监理人作出指示、指令、决定、评定、认证和价格发生的纠纷,纠纷中的问题,首先应根据本条款规定书面提交给监理人解决,并抄送另一方。监理人在收到此提交文件后42天之内应将自己的裁定通知发包人和承包人。

24.2 如果发包人或承包人有一方对监理人的裁定有异议,或如果监理人在收到提交文件后 42 天内,没有发出自己裁定通知,则双方可采取下列程序解决争议:

(1)双方就纠纷事项进行友好协商解决或通过双方上级主管部门进行调解或争议评审解决;

(2)发包人和承包人接受评审意见的,由监理人根据评审意见拟定执行协议,经争议双方签字后作为合同的补充文件,并遵照执行;

(3)发包人或承包人不接受评审意见,并要求提交仲裁或提起诉讼的,应在收到评审意见后的 14 天内将仲裁或起诉意向书面通知另一方,并抄送监理人,但在仲裁或诉讼结束前应暂按监理人的确定执行。

24.3 除非本合同已被终止,承包人无论在什么情况下都应尽一切努力继续完成本工程,承包人和发包人应使监理人的裁定付诸实施,除非监理人对裁定作出新的更改。

十一、其他

25. 转让与分包

25.1 除合同另有约定外,未经对方当事人同意,一方当事人不得将合同权利全部或部分转让给第三人,也不得全部或部分转移合同义务。

25.2 承包人不得将其承包的全部工程转包给第三人,或将其承包的全部工程肢解后以分包的名义转包给第三人。本工程严禁转包和违规分包,且不得再次分包。

25.3 承包人不得将工程主体、关键性工作分包给第三人。未经发包人同意,承包人不得将工程的其他部分或工作分包给第三人。

25.4 分包人的资格能力应与其分包工程的标准和规模相适应。

25.5 承包人应与分包人就分包工程向发包人承担连带责任。

25.6 发包人对承包人与分包人之间的法律与经济纠纷不承担任何责任和义务。

25.7 各项分包工作均应遵守《公路工程施工分包管理办法》(交公路发〔2011〕685号)的有关规定。

26. 保险

26.1 承包人应为承包工程投保建筑工程一切险、安装工程一切险等工程保险及第三者责任险,保险期限为开工日起直至本合同工程签发缺陷责任期终止证书止。相关费用均包含在工程量清单的单价及总额价中,发包人不单独支付。

26.2 承包人应依照有关法律规定参加工伤保险,为其履行合同所雇用的全部人员缴纳工伤保险费,并要求其分包人也进行此项保险。保险的一切费用应由承包人承担并支付。

26.3 承包人应在整个施工期间为其现场机构雇用的全部人员,投保人身意外伤害险,缴纳保险费,并要求其分包人也进行此项保险。保险的一切费用应由承包人承担并支付。

26.4 承包人应为其施工设备等办理保险,其投保金额应足以现场重置。办理本款保险的一切费用均由承包人承担,并包括在工程量清单的单价及总额价中,发包人不单独支付。

26.5 承包人应在办理有关保险后,尽快向发包人提供按合同要求所报各种保险的生效证明,并在开工后56天内提交保险单,同时向监理人提交副本。

26.6 保险事故发生时,承包人有责任尽力采取必要措施,防止或者减少损失。

27. 不利物质条件

27.1 不利物质条件,是指承包人在施工场地遇到的不可预见的自然物质条件、非自然的物质障碍和污染物,包括地下和水文条件,但不包括气候条件。

27.2 承包人遇到不利物质条件时,应采取适应不利物质条件的合理措施继续施工,并及时通知监理人。监理人应当及时发出指示,指示构成变更的,按约定办理。监理人没有发出指示的,承包人因采取合理措施而增加的费用和(或)工期延误,由发包人承担。

28. 不可抗力后果及其处理

28.1 不可抗力是指承包人和发包人在订立合同时不可预见,在工程施工过程中不可避免发生并不能克服的自然灾害和社会性突发事件。包括但不限于:
(1)地震、海啸、火山爆发、泥石流、暴雨(雪)、台风、龙卷风、水灾等自然灾害;
(2)战争、骚乱、暴动,但纯属承包人或其分包人派遣与雇用的人员由于本合同工程施工原因引起者除外;
(3)核反应、辐射或放射性污染;
(4)空中飞行物体坠落或非发包人或承包人责任造成的爆炸、火灾;
(5)瘟疫;
(6)合同条款约定的其他情形。

28.2 不可抗力造成损害的责任

不可抗力导致的人员伤亡、财产损失、费用增加和(或)工期延误等后果,由合同双方按以下原则承担:

(1)永久工程,包括已运至施工场地的材料和工程设备的损害,以及因工程损害造成的第三者人员伤亡和财产损失由发包人承担;
(2)承包人设备的损坏由承包人承担;
(3)发包人和承包人各自承担其人员伤亡和其他财产损失及其相关费用;

(4)承包人的停工损失由承包人承担,但停工期间应监理人要求照管工程和清理、修复工程的金额由发包人承担;

(5)不能按期竣工的,应合理延长工期,承包人不需支付逾期竣工违约金。发包人要求赶工的,承包人应采取赶工措施,赶工费用由发包人承担。

28.3 延迟履行期间发生的不可抗力

合同一方当事人延迟履行,在延迟履行期间发生不可抗力的,不免除其责任。

28.4 避免和减少不可抗力损失

不可抗力发生后,发包人和承包人均应采取措施尽量避免和减少损失的扩大,任何一方没有采取有效措施导致损失扩大的,应对扩大的损失承担责任。

28.5 因不可抗力解除合同

合同一方当事人因不可抗力不能履行合同的,应及时通知对方解除合同。合同解除后,承包人应按照约定撤离施工场地。已经订货的材料、设备由订货方负责退货或解除订货合同,不能退还的货款和因退货、解除订货合同发生的费用,由发包人承担,因未及时退货造成的损失由责任方承担。合同解除后的付款参照约定,由监理人按商定确定。

29. 文物

在施工场地发掘出的所有文物、古迹以及具有地质研究或考古价值的其他遗迹、化石、钱币或物品属于国家财产。承包人一旦发现上述文物,应采取一切必要的措施保护现场,防止任何人员移动或损坏任何该类物品,并立即将此发现通知监理人,执行监理人关于此事的指令。如果由于这样的指令使承包人工期受到拖延和(或)增加了费用,则监理人在与承包人和发包人协商后应确定延长工期和(或)增加费用,通知承包人并抄送发包人。承包人发现文物不及时报告或隐瞒不报致使文物丢失或损坏的,应赔偿损失并承担相应的法律责任。

30. 违约赔偿

30.1 施工过程中发包人或监理人、质监机构抽检连续2个分项工程不合格者,按合同条款的有关要求,承包人对不合格分项工程补做或返工,使其达到合格标准,并赔偿每个分项工程10000元的违约金。

30.2 承包人未按规定工期完成本合同工程,拖期损失赔偿见合同条款数据表。工程进度严重滞后,承包人即使采取措施也不能保证工程按期完工,发包人有权指定分包并没收履约保证金。

30.3 承包人主要管理人员、机械设备未按投标文件约定时间进场,人员按200元/(人·天),机械设备每天按现行《公路工程机械台班费用定额》(JTG/T 3833)台班基价两倍支付违约赔偿。

30.4　发生克扣、拖欠劳务工资、设备材料款,造成恶劣影响的,承包人在限期内不予支付时,发包人将从其履约保证金中支付。

30.5　便道未按合同管养,影响社会车辆通行,造成恶劣影响的,承包人在限期内不予整改的,发包人可另行实施,其发生的费用从承包人工程款中扣回。

30.6　承包人违约转让或变相转让合同,发包人将没收履约保证金,并将其清除出场。

30.7　在工程施工过程中,如监理人或发包人认为承包人主要管理人员及技术人员不能胜任工作,提出更换人员要求,承包人必须执行,且更换人员资格不低于所换人员资格,无论是否征得发包人同意,均按下述规定扣除其违约金:项目经理每人次扣除6万元,项目总工每人次扣除5万元,路基工程师、路面工程师、结构工程师、计量计划负责人、试验检测工程师每人次扣除3万元。即使交纳了违约金,承包人仍有义务按合同规定纠正其违约行为;更换率达到50%的按照《新疆维吾尔自治区农村公路建设从业单位信用评价实施细则》的规定评价。

31. 承包人需遵循的其他规定和要求

31.1　新疆公路工程现行通知、办法详见附件。

31.2　临时排水设施

承包人在施工中,道路的临时排水设施要与路基的施工同步,所需费用报价中要充分考虑。如因承包人排水设施不当,造成的工程损失由承包人承担。

31.3　突发公共卫生事件

为了有效预防、及时控制和消除公共卫生事件的危害,保障全体施工人员(包括雇用劳务人员)及周围群众身体健康和生命安全,维持正常社会秩序,承包人应全面贯彻国务院2003年第376号令《突发公共卫生事件应急条例》,其涉及内容均不单独计量与支付,投标人报价时综合考虑其费用,所涉及的费用均包括在与之相关的工程细目的单价之中,发包人不单独支付。

31.4　反商业贿赂

严格执行国家、新疆维吾尔自治区、新疆维吾尔自治区交通运输厅关于反商业贿赂的有关规定。承包人应严格按照廉政建设责任制度执行,并将廉政合同落到实处,制定相应的计划和措施。

附件:
1.《新疆维吾尔自治区农村公路建设管理办法》
2.《新疆维吾尔自治区农村公路建设工程质量监督机构和人员考核办法》
3.《新疆维吾尔自治区农村公路工程质量监督管理细则》
4.《新疆维吾尔自治区农村公路工程设计变更管理办法(试行)》
5.《新疆维吾尔自治区农村公路工程施工监理工作规定》

6.《新疆维吾尔自治区农村公路工程试验检测工作规定》

7.《新疆小交通量农村公路工程技术指南》

8.《新疆农村公路施工图设计外业勘察验收指南》

9.《关于在公路改建改造工程中加强便道管理保障通行的通知》(新交监察〔2001〕5号)

10.《新疆公路工程台背回填管理办法》

11.《新疆公路工程建设项目便道管理办法》

12.《新疆维吾尔自治区公路工程路基下沉、路面破损、桥涵处跳车等质量问题责任追究》(新交政法〔2001〕20号)

13.《关于提高新疆公路工程路基、路面压实度指标的通知》(新交质监〔2002〕2号)

14.《新疆维吾尔自治区公路路面透层油和下封层质量控制施工机械配套指导意见》(新交质监〔2008〕22号)

15.《新疆维吾尔自治区农村公路建设廉政工作实施办法(试行)》(新交办〔2008〕80号)

16.《关于印发〈新疆维吾尔自治区公路工程施工质量责任和责任追究制度〉的通知》(新交工程〔2016〕28号)

17.《关于在公路基础设施建设中使用农民工有关意见的通知》(新交综〔2003〕42号)

18.《关于印发〈新疆维吾尔自治区交通厅关于交通建设项目防止拖欠工程款和农民工工资管理暂行办法(试行)〉的通知》(新交综〔2005〕42号)

19.《关于在公路基础设施建设中使用农民工有关事宜的通知》(新交综〔2006〕139号)

20.《新疆维吾尔自治区农民工工资保证金管理暂行办法》(新政办发〔2007〕114号)

21.《关于做好农村公路建设项目农民工使用有关事宜的通知》(新交农路〔2016〕16号)

22.新疆维吾尔自治区人社、住建、交通、水利四部门联合印发的《关于在工程建设领域实行农民工工资专用账户管理和银行代发工资制度的通知》(新人社发〔2018〕4号)

承包人在施工中应严格执行国家、交通运输部、新疆维吾尔自治区、新疆交通运输厅现行通知、办法的相关规定,涉及报价因素的应在投标报价中充分予以考虑,发包人将不另行支付。

第二节 专用合同条款

说明：

招标人可根据招标项目的具体特点和实际需要，对"通用合同条款"进行补充和细化，补充和细化的内容不得与"通用合同条款"强制性规定相抵触。同时，细化、补充或约定的不同内容，不得违反法律、行政法规的强制性规定和平等、自愿、公平和诚实信用原则。

专用合同条款的编号应与通用合同条款号一致。

合同条款数据表

说明：本数据表是项目合同条款中适用于本项目的信息和数据的归纳与提示，是项目合同条款的组成部分。

条 款 号	信息或数据
	发包人： 地址：　　　　　　　　邮政编码：
	监理人： 地址：　　　　　　　　邮政编码：
21.1	缺陷责任期①：自实际交工日期起计算＿＿＿年
	图纸需要修改和补充的，应由监理人取得发包人同意后，在该工程或工程相应部位施工前 _7_ 天签发图纸修改图给承包人
	监理人在行使变更前需要发包人事先批准
6.2	发包人是否提供材料或工程设备：
6.2	发包人是否提供施工设备和临时设施：＿＿＿
8.4	逾期交工违约金：＿＿＿%合同价元/天（如由于承包人的原因造成逾期交工，其相应增加监理服务费和发包人管理费由承包人承担）
8.4	逾期交工违约金限额：＿＿＿%签约合同价②
5.6	开工预付款金额：＿＿＿%签约合同价③
17.5	材料预付款比例：水泥、钢材、沥青等主要材料单据所列费用的＿＿＿%④
18.3	承包人在每个付款周期末向监理人提交进度付款申请单的份数：_6_份
18.3(3)	逾期付款违约金的利率：全国银行间同业拆借中心公布的1年期贷款市场报价利率
18.7(1)	质量保证金限额⑤：＿＿＿%合同价格，若交工验收时承包人具备交通运输厅农村公路建设从业单位信用信息评价体系评定的最高信用等级，发包人可以给予＿＿＿%合同价格质量保证金的优惠⑥： □是，利息的计算方式：＿＿＿＿＿＿＿＿＿ □否

---

① 缺陷责任期一般为1年，最长不超过2年。
② 逾期交工违约金一般不宜超过签约合同价的10%。
③ 开工预付款一般不宜超过签约合同价的10%。
④ 材料预付款比例不宜超过70%。
⑤ 质量保证金的预留比例不得高于工程价款结算总额的3%。
⑥ 在新疆维吾尔自治区交通运输厅农村公路建设从业单位信用评价体系建立之前，招标项目所在地地州市交通运输主管部门有信用评价结果的，可根据情况采用；发包人可以根据新疆维吾尔自治区交通运输厅的相关规定，对新疆维吾尔自治区交通运输厅农村公路建设从业单位信用评价体系中信用等级高的承包人，给予减少质量保证金金额的优惠。

续二表

条款号	信息或数据
	承包人向监理人提交交工付款申请单(包括相关证明材料)的份数: 1 份
	承包人向监理人提交最终结清申请单(包括相关证明材料)的份数: 1 份
11.2	竣工资料的份数:原始资料1份、复印件2份、电子文件(光盘或U盘) 2 份
11.5	单位工程是否需投入施工期运行:＿＿＿＿＿＿ 如单位工程需要进行施工期运行,需要施工期运行的单位工程规定如下:＿＿＿＿＿＿
11.6	本工程是否进行试运行:＿＿＿＿＿＿ 如本工程需要进行试运行,试运行的具体规定如下:＿＿＿＿＿＿
21.5	保修期:自实际交工日期起计算＿＿＿年①
24.2(3)	争议的最终解决方式:诉讼 如采用仲裁,仲裁委员会名称: ／

说明: 招标人编制的"项目合同条款"不限于本部分所列内容。

---

① 农村公路建设项目的保修期一般不超过3年。

第三节 合同附件格式

第四章 合同条款及格式

附件一 合同协议书

合同协议书

　　_____（发包人名称，以下简称"发包人"）为实施_____（项目名称），已接受_____（承包人名称，以下简称"承包人"）对该项目_____标段施工的投标。发包人和承包人共同达成如下协议：

　　1. 第____标段由K____+____至K____+____，长约____km，公路等级为____，设计速度为____，____路面，有____立交____处；特大桥____座，计长____m；大中桥____座，计长____m；隧道____座，计长____m以及其他构造物工程等。

　　2. 下列文件应视为构成合同文件的组成部分：

　　（1）合同协议书及各种合同附件（含评标期间和合同谈判过程中的澄清文件和补充资料）；

　　（2）中标通知书；

　　（3）投标函及投标函附录；

　　（4）专用合同条款；

　　（5）通用合同条款；

　　（6）工程量清单计量规则；

　　（7）技术规范；

　　（8）图纸；

　　（9）已标价工程量清单；

　　（10）承包人有关人员、设备投入的承诺及投标文件中的施工组织设计；

　　（11）其他合同文件。

　　3. 上述文件互相补充和解释，如有不明确或不一致之处，以合同约定次序在先者为准。

　　4. 根据工程量清单所列的预计数量和单价或总额价计算的签约合同价：人民币（大写）_____元（￥_____）。

　　5. 承包人项目经理：_____。承包人项目总工：_____。

　　6. 工程质量符合_____标准。工程安全目标：_____。

　　7. 承包人承诺按合同约定承担工程的实施、完成及缺陷修复。

　　8. 发包人承诺按合同约定的条件、时间和方式向承包人支付合同价款。

　　9. 承包人应按照监理人指示开工，工期为____日历天。

　　10. 本协议书在承包人提供履约保证金后，由双方法定代表人或其委托代理人签署并加盖单位章后生效。全部工程完工后经交工验收合格、缺陷责任期满签发缺陷责任终止证书后失效。

　　11. 本协议书正本二份、副本____份，合同双方各执正本一份，副本____份，当正本与副本的内容不一致时,以正本为准。

12. 合同未尽事宜,双方另行签订补充协议。补充协议是合同的组成部分。

发包人:_____(盖单位章)　　承包人:_____(盖单位章)
法定代表人或其委托代理人:____(签字)　　法定代表人或其委托代理人:____(签字)

　　　　　____年___月___日　　　　　　　　　　　____年___月___日

附件二　廉政合同

廉 政 合 同

根据《关于在交通基础设施建设中加强廉政建设的若干意见》以及有关工程建设、廉政建设的规定,为做好工程建设中的党风廉政建设,保证工程建设高效优质,保证建设资金的安全和有效使用以及投资效益,_____(项目名称)的项目法人_____(项目法人名称,以下简称"发包人")与该项目____标段的施工单位_____(施工单位名称,以下简称"承包人"),特订立如下合同。

1. 发包人和承包人双方的权利和义务

(1)严格遵守党的政策规定和国家有关法律法规及交通运输部的有关规定。

(2)严格执行_____(项目名称)____标段施工合同文件,自觉按合同办事。

(3)双方的业务活动坚持公开、公正、诚信、透明的原则(法律认定的商业秘密和合同文件另有规定除外),不得损害国家和集体利益,不得违反工程建设管理规章制度。

(4)建立健全廉政制度,开展廉政教育,设立廉政告示牌,公布举报电话,监督并认真查处违法违纪行为。

(5)发现对方在业务活动中有违反廉政规定的行为,有及时提醒对方纠正的权利和义务。

(6)发现对方严重违反本合同义务条款的行为,有向其上级有关部门举报、建议给予处理并要求告知处理结果的权利。

2. 发包人的义务

(1)发包人及其工作人员不得索要或接受承包人的礼金、有价证券和贵重物品,不得让承包人报销任何应由发包人或发包人工作人员个人支付的费用等。

(2)发包人工作人员不得参加承包人安排的超标准宴请和娱乐活动;不得接受承包人提供的通信工具、交通工具和高档办公用品等。

(3)发包人及其工作人员不得要求或者接受承包人为其住房装修、婚丧嫁娶活动、配偶子女的工作安排以及出国出境、旅游等提供方便等。

(4)发包人工作人员及其配偶、子女不得从事与发包人工程有关的材料设备供应、工程分包、劳务等经济活动等。

(5)发包人及其工作人员不得以任何理由向承包人推荐分包单位或推销材料,不得要求承包人购买合同规定外的材料和设备。

(6)发包人工作人员要秉公办事,不准营私舞弊,不准利用职权从事各种个人有偿中介活动和安排个人施工队伍。

3. 承包人的义务

(1)承包人不得以任何理由向发包人及其工作人员行贿或馈赠礼金、有价证券、贵重礼品。

（2）承包人不得以任何名义为发包人及其工作人员报销应由发包人单位或个人支付的任何费用。

（3）承包人不得以任何理由安排发包人工作人员参加超标准宴请及娱乐活动。

（4）承包人不得为发包人单位和个人购置或提供通信工具、交通工具和高档办公用品等。

4. 违约责任

（1）发包人及其工作人员违反本合同第1、2条，按管理权限，依据有关规定给予党纪、政纪或组织处理；涉嫌犯罪的，移交司法机关追究刑事责任；给承包人单位造成经济损失的，应予以赔偿。

（2）承包人及其工作人员违反本合同第1、3条，按管理权限，依据有关规定给予党纪、政纪或组织处理；给发包人单位造成经济损失的，应予以赔偿；情节严重的，发包人建议交通运输主管部门给予承包人一至三年内不得进入其主管的公路建设市场的处罚。

5. 双方约定：本合同由双方或双方上级单位的纪检监察部门负责监督执行。由发包人或发包人上级单位的纪检监察部门约请承包人或承包人上级单位纪检监察部门对本合同执行情况进行检查，提出在本合同规定范围内的裁定意见。

6. 本合同有效期为发包人和承包人签署之日起至该工程项目竣工验收后止。

7. 本合同作为_____（项目名称）____标段施工合同的附件，与工程施工合同具有同等的法律效力，经合同双方签署后立即生效。

8. 本合同一式四份，由发包人和承包人各执一份，送交发包人和承包人的监督单位各一份。

发包人：_____（盖单位章）　　承包人：_____（盖单位章）
法定代表人或其委托代理人：____（签字）　　法定代表人或其委托代理人：____（签字）
　　　　_____年___月___日　　　　　　　　　　　　_____年___月___日

发包人监督单位：（全称）（盖单位章）　　承包人监督单位：（全称）（盖单位章）

附件三　安全生产合同

安全生产合同

为在_____（项目名称）____标段施工合同的实施过程中创造安全、高效的施工环境，切实搞好本项目的安全管理工作，本项目发包人_____（发包人名称，以下简称"发包人"）与承包人_____（承包人名称，以下简称"承包人"）特此签订安全生产合同。

1. 发包人职责

（1）严格遵守国家有关安全生产的法律法规，认真执行工程承包合同中的有关安全要求。

（2）按照"安全第一、预防为主、综合治理"和坚持"管生产必须管安全"的原则进行安全生产管理，做到生产与安全工作同时计划、布置、检查、总结和评比。

（3）重要的安全设施必须坚持与主体工程"三同时"的原则，即：同时设计、审批，同时施工，同时验收，投入使用。

（4）定期召开安全生产调度会，及时传达中央及地方有关安全生产的精神。

（5）组织对承包人施工现场进行安全生产检查，监督承包人及时处理发现的各种安全隐患。

2. 承包人职责

（1）严格遵守《中华人民共和国安全生产法》《建设工程安全生产管理条例》等国家有关安全生产的法律法规、《公路水运工程安全生产监督管理办法》和《公路工程施工安全技术规范》等有关安全生产的规定。认真执行工程承包合同中的有关安全要求。

（2）坚持"安全第一、预防为主、综合治理"和"管生产必须管安全"的原则，加强安全生产宣传教育，增强全员安全生产意识，建立健全各项安全生产的管理机构和安全生产管理制度，配备专职及兼职安全检查人员，有组织有领导地开展安全生产活动。各级领导、工程技术人员、生产管理人员和具体操作人员，必须熟悉和遵守本合同的各项规定，做到生产与安全工作同时计划、布置、检查、总结和评比。

（3）建立健全安全生产责任制。从派往项目实施的项目经理到生产工人（包括临时雇请的民工）的安全生产管理系统必须做到纵向到底，一环不漏；各职能部门、人员的安全生产责任制做到横向到边，人人有责。项目经理是安全生产的第一责任人。现场设置的安全机构，应按《公路水运工程安全生产监督管理办法》规定的最低数量和资质条件配备专职安全生产管理人员，专职负责所有员工的安全和治安保卫工作及预防事故的发生。安全机构人员有权按有关规定发布指令，并采取保护性措施防止事故发生。

（4）承包人在任何时候都应采取各种合理的预防措施，防止其员工发生任何违法、违禁、暴力或妨碍治安的行为。

（5）承包人必须具有劳动安全管理部门颁发的安全生产考核合格证书，参加施工的人员，必须接受安全技术教育，熟知和遵守本工种的各项安全技术操作规程，定期进行安全技术考核，合格者方准上岗操作。对于从事电气、起重、建筑登高架设作业、锅炉、压力容器、焊接、机动车船艇驾驶、爆破、潜水、瓦斯检验等特殊工种的人员，经过专业培训，获得《安全操作合格证》后，方准持证上岗。施工现场如出现特种作业无证操作现象时，项目经理必须承担管理责任。

（6）对于易燃易爆的材料除应专门妥善保管之外，还应配备有足够的消防设施，所有施工人员都应熟悉消防设备的性能和使用方法；承包人不得将任何种类的爆炸物给予、易货或以其他方式转让给任何其他人，或允许、容忍上述同样行为。

（7）操作人员上岗，必须按规定穿戴防护用品。施工负责人和安全检查员应随时检查劳动防护用品的穿戴情况，不按规定穿戴防护用品的人员不得上岗。

（8）所有施工机具设备和高空作业的设备均应定期检查，并有安全员的签字记录，保证其经常处于完好状态；不合格的机具、设备和劳动保护用品严禁使用。

（9）施工中采用新技术、新工艺、新设备、新材料时，必须制定相应的安全技术措施，施工现场必须具有相关的安全标志牌。

（10）承包人必须按照本工程项目特点，组织制定本工程实施中的生产安全事故应急救援预案；如果发生安全事故，应按照《国务院关于特大安全事故行政责任追究的规定》以及其他有关规定，及时上报有关部门，并坚持"四不放过"的原则，严肃处理相关责任人。

（11）安全生产费用按照《公路水运工程安全生产监督管理办法》的相关规定使用和管理。

3. 违约责任

如因发包人或承包人违约造成安全事故，将依法追究责任。

4. 本合同由双方法定代表人或其授权的代理人签署并加盖单位章后生效，全部工程竣工验收后失效。

5. 本合同正本二份、副本____份，合同双方各执正本一份，副本____份，当正本与副本的内容不一致时，以正本为准。

发包人：_____（盖单位章）　　承包人：_____（盖单位章）

法定代表人或其委托代理人：____（签字）　　法定代表人或其委托代理人：____（签字）
　　_____年___月___日　　　　　　　　　　　　_____年___月___日

附件四 其他管理和技术人员最低要求[①]

人　员	数　量	资 格 要 求

[①] 招标人应在招标文件中规定若投标人在所投标段中标需派驻的其他管理和技术人员（例如项目副经理、专业工程师等）。上述人员的具体人选由招标人和中标人在合同谈判阶段确定，且经招标人审批后作为派驻本标段的项目管理机构主要人员，不允许更换。如中标人拟派驻的人员数量和资格条件不满足本表要求，招标人应取消其中标资格。

招标人可以要求上述人员记录到新疆维吾尔自治区公路建设市场信用信息管理系统本单位人员信息名录中。

附件五 主要机械设备和试验检测设备最低要求[①]

设 备 名 称	规格、功率及容量	单　　位	最低数量要求

[①] 招标人应在招标文件中规定若投标人在所投标段中标需提供的主要机械设备和试验检测设备。招标人将在合同谈判阶段要求中标人按照本表的最低要求填报为本标段配备的主要设备，在经招标人审批后作为投入本标段的主要设备且不允许更换。如招标人拟提供的设备数量和规格指标等不满足本表要求，招标人应取消其中标资格。

附件六　项目经理委任书

<u>　　（承包人全称）　　</u>
<u>（合同工程名称）</u>　项目经理委任书

致：<u>（发包人全称）</u>

　　<u>（承包人全称）</u>法定代表人<u>（职务、姓名）</u>代表本单位委任<u>（职务、姓名）</u>为<u>（合同工程名称）</u>的项目经理。凡本合同执行中的有关技术、工程进度、现场管理、质量检验、结算与支付等方面工作，由<u>（姓名）</u>代表本单位全面负责。

承包人：_____（盖单位章）

法定代表人：_____（职务）

_____（姓名）

_____（签字）

____年___月___日

抄送：<u>　　（监理人）　　</u>

附件七　履约保证金格式

如采用银行保函,格式如下。

履约保证金

_____(发包人名称):

鉴于_____(发包人名称,以下简称"发包人")接受_____(承包人名称,以下简称"承包人")于____年___月___日参加_____(项目名称)_____标段施工的投标。我方愿意无条件地、不可撤销地就承包人履行与你方订立的合同,向你方提供担保。

1. 担保金额人民币(大写)_____元(¥_____)。

2. 担保有效期自发包人与承包人签订的合同生效之日起至发包人签发交工验收证书且承包人按照合同约定缴纳质量保证金之日止。①

3. 在本担保有效期内,因承包人违反合同约定的义务给你方造成经济损失时,我方在收到你方以书面形式提出的在担保金额内的赔偿要求后,在7日内无条件支付,无须你方出具证明或陈述理由。

4. 发包人和承包人按合同条款第20条变更合同时,无论我方是否收到该变更,我方承担本担保规定的义务不变。

担保人名称:_____(盖单位章)
法定代表人或其委托代理人:_____(签字)
地　　　址:_____
邮 政 编 码:_____
电　　　话:_____
传　　　真:_____

_____年___月___日

---

① 本条内容可修改为:"本担保自_____(生效日期)之日起生效,至_____(失效日期)之日失效。"如发包人接受履约保函采用固定有效期,在项目专用合同条款中应增加保证承包人在履约保函失效日前向发包人出具后续阶段履约保函的约束性条款,直至发包人签发交工验收证书且承包人按照合同约定缴纳质量保证金之日为止。

附件八　工程资金监管协议格式

（发包人与承包人签订合同协议书时应与发包人指定的银行签署工程资金监管协议，工程资金监管协议内容在保证本项目资金有效监管的前提下由三方共同商定）

工程资金监管协议

发包人：_____（以下简称"甲方"）
承包人：_____（以下简称"乙方"）
经办银行：_____（以下简称"丙方"）

为了促进_____（项目名称）的顺利实施，管好用好建设资金，确保工程资金专款专用，同时为承包人提供便捷有效的银行业务服务，根据_____（项目名称）合同条款有关规定，经甲、乙、丙三方协商，达成协议如下：

1. 资金管理的内容

（1）乙方为完成_____（项目名称）工程成立的项目经理部在丙方开设基本结算户；

（2）甲方应按合同规定将工程款汇入乙方在丙方开设的账户；

（3）乙方应将流动资金及甲方所拨付资金专项用于_____（项目名称）；

（4）丙方应为乙方提供便捷有效的银行业务服务，并接受甲方委托对乙方在丙方开设的基本结算户资金使用情况进行监督。

2. 甲方的权责

（1）按照_____（项目名称）合同有关条款规定的时间和方式，向乙方支付工程款；

（2）在发现乙方将本项目资金挪用、转移时，甲方有权中止工程支付，直至乙方改正为止；

（3）不定期审查丙方对乙方的资金使用监督情况，如丙方不能履行其责任，甲方有权随时终止本协议；

（4）在乙、丙双方发生争议时，甲方应负责协调、解决。

3. 乙方的权责

（1）项目经理部成立以后，乙方应尽快在丙方开设基本结算户；

（2）确保本项目资金专款专用，不发生挪用、转移资金的现象；保证不通过权益转让、抵押、担保承担债务等任何其他方式使用基本结算户的资金；

（3）办理材料、设备等采购业务金额在____万元以上的，应出示购货合同、协议和发票；在办理总额超过____万元以上的采购业务时，应将合同、协议和发票复印件送丙方备案；购买应急材料、设备时可先办理支付手续，但事后必须补备有关资料；

（4）用银行转账支票办理支付款项时，必须将转账支票送交丙方，由丙方负责办理支票转付手续；

（5）向分包单位支付工程进度款时，应附甲方批准分包的文件；

（6）向上级单位缴纳管理费、机械设备及周转材料租赁摊销费等款项时，应附上级单位出具的转账通知等有关资料，以确保资金专款专用。

4. 丙方的权责

（1）成立_____（项目名称）工程资金管理服务小组，明确业务流程，提高工作效率，杜绝"压票"现象；

（2）根据乙方提供的购货合同、协议和发票，检查其所购材料、设备是否用于_____（项目名称）工程建设，对本标段以外的购货款项，有权拒绝办理，并及时报告甲方；

（3）根据乙方与分包单位签订的合同及支付文件，检查其支付款项是否符合有关条件，向分包单位以外单位的支付有权拒绝办理，并及时报告甲方；

（4）根据乙方提供的上级单位出具的转账通知等有关资料，办理管理费、机械设备及周转材料租赁摊销费等款项的支付；对超出转账通知等有关资料以外的支付，有权拒绝办理，并及时报告甲方；

（5）定期将乙方前一个周期的支付情况，整理后书面报送甲方；乙方复印备案的材料一并送甲方。

5. 甲、乙、丙三方都应履行保密责任，不得将其他两方的业务情况透露给三方以外的其他单位或个人。

6. 本协议有效期自乙方在丙方开户起，至工程交工验收甲方向乙方颁发交工验收证书后结束。

7. 本协议未尽事宜，由甲方牵头，三方协商解决。

8. 本协议正本三份、副本__份。合同三方各执正本一份、副本__份，当正本与副本内容不一致时，以正本为准。

发包人：_____（盖单位章）
法定代表人或其委托代理人：_____（签字）
　　　　年　　　月　　　日

承包人：_____（盖单位章）
法定代表人或其委托代理人：_____（签字）
　　　　年　　　月　　　日

经办银行：_____（盖单位章）
法定代表人或其委托代理人：_____（签字）
　　　　年　　　月　　　日

第五章 工程量清单

第五章　工程量清单

1. 工程量清单说明

1.1　本工程量清单是根据招标文件中包括的有合同约束力的工程量清单计量规则、图纸以及有关工程量清单的国家标准、行业标准、合同条款中约定的其他规则编制。约定计量规则中没有的子目，其工程量按照有合同约束力的图纸所标示尺寸的理论净量计算。计量采用中华人民共和国法定计量单位。

1.2　本工程量清单应与招标文件中的投标人须知、合同条款、工程量清单计量规则、技术规范及图纸等一起阅读和理解。

1.3　本工程量清单中所列工程数量是估算的或设计的预计数量，仅作为投标报价的共同基础，不能作为最终结算与支付的依据。实际支付应按实际完成的工程量，由承包人按工程量清单计量规则规定的计量方法，以监理人认可的尺寸、断面计量，按本工程量清单的单价和总额价计算支付金额；或者根据具体情况，按合同条款的规定，由监理人确定的单价或总额价计算支付额。

1.4　工程量清单各章是与第八章"工程量清单计量规则"的章次编号相对应的，因此，工程量清单中各章的工程子目的范围与计量等应与"工程量清单计量规则"相应章节的范围、计量与支付条款结合起来理解或解释。

1.5　对作业和材料的一般说明或规定，未重复写入工程量清单内，在给工程量清单各子目标价前，应参阅第七章"技术规范"的有关内容。

1.6　工程量清单中所列工程量的变动，丝毫不会降低或影响合同条款的效力，也不免除承包人按规定的标准进行施工和修复缺陷的责任。

1.7　图纸中所列的工程数量表及数量汇总表仅是提供资料，不是工程量清单的外延。当图纸与工程量清单所列数量不一致时，以工程量清单所列数量作为报价的依据。

2. 投标报价说明

2.1　工程量清单中的每一子目须填入单价或价格，且只允许有一个报价。

2.2　除非合同另有规定，工程量清单中有标价的单价和总额价均已包括了为实施和完成合同工程所需的劳务、材料、机械、质检（自检）、安装、缺陷修复、管理、保险、税费、利润等费用，以及合同明示或暗示的所有责任、义务和一般风险；还包括现场考察时对工程的理解与认识，以及材料采集供应、运输情况、地理环境、水文地质、工程地质、自然条件、社会情况等的影响与风险。

2.3　所有保险及保险费，均隐含在其他工程报价中，不在报价中单列。

2.4 工程量清单中投标人没有填入单价或价格的子目,其费用视为已分摊在工程量清单中其他相关子目的单价或价格之中。承包人必须按监理人指令完成工程量清单中未填入单价或价格的子目,但不能得到结算与支付。

2.5 工程量清单中本合同工程的每一个细目,凡有工程数量者,都应填入单价,投标人亦应按要求填入总额价。符合合同条款规定的全部费用应认为已被计入有标价的工程量清单所列各子目之中,未列子目不予计量的工作,其费用应视为已分摊在本合同工程的有关子目的单价或总额价之中。

2.6 承包人用于本合同工程的各类装备的提供、运输、维护、拆卸、拼装等支付的费用,已包括在工程量清单的单价与总额价之中。

2.7 工程量清单中标明的暂列金额以100章~700章合计的____%[①]计列,用于工程变更费,应由监理人按合同规定,结合工程具体情况,报经发包人批准后全部或部分的使用,或者不予动用。

2.8 工程量清单中各项金额均以人民币(元)结算。

---

① 暂列金额的设置不宜超过工程量清单第100章~700章合计金额的3%。

3. 工程量清单

3.1 工程量清单表

工 程 量 清 单

清单　第100章　总　则					
子目号	子目名称	单位	数量	单价	合价
102-1	竣工文件	总额			
102-2	施工环保费	总额			
103-1	临时道路修建、养护与拆除（包括原道路的养护）	总额			
103-2	临时工程用地	总额			
103-3	临时供电设施架设、维护与拆除	总额			
103-4	电信设施的提供、维修与拆除	总额			
103-5	临时供水与排污设施	总额			
104-1	承包人驻地建设	总额			
105-1	安全生产费	总额			
清单第100章合计　人民币_____					

工程量清单

清单	第200章 路基土石方				
子目号	子目名称	单位	数量	单价	合价
202-1	清理与掘除				
-a	清理现场	m^2			
-b	砍伐树木、挖除树根	棵			
202-2	挖除旧路面				
-a	水泥混凝土路面	m^3			
-b	沥青混凝土路面	m^3			
-c	砂砾(碎石)路面	m^3			
202-3	拆除结构物				
-a	钢筋混凝土结构	m^3			
-b	混凝土结构	m^3			
-c	砖、石及其他砌体结构	m^3			
203-1	路基挖方				
-a	挖土方	m^3			
-b	挖石方	m^3			
-c	挖除非适用材料(不含淤泥)	m^3			
-d	挖淤泥	m^3			
203-2	改河、改渠、改路挖方				
-a	挖土方	m^3			
-b	挖石方	m^3			
-c	挖除非适用材料(不含淤泥)	m^3			
-d	挖淤泥	m^3			
204-1	路基填筑(包括填前压实)				
-a	利用土方	m^3			
-b	利用石方	m^3			
-c	借土填方	m^3			
-d	借石填方	m^3			
-e	反压护坡道	m^3			
204-2	改河、改渠、改路填筑				
-a	利用土方	m^3			

续上表

清单 第200章 路基土石方					
子目号	子目名称	单位	数量	单价	合价
-b	利用石方	m^3			
-c	借土填方	m^3			
-d	借石填方	m^3			
205-1	软土地基处理				
-a	抛石挤淤	m^3			
-b	垫层				
-b-1	砂垫层	m^3			
-b-2	砂砾垫层	m^3			
-c	碎石(砂砾)桩	m			
-d	砂桩	m			
-e	土工合成材料				
-e-1	反滤土工布	m^2			
-e-2	防渗土工膜	m^2			
-e-3	土工格栅	m^2			
-f	强夯及强夯置换				
-f-1	强夯	m^2			
-f-2	强夯置换	m^3			
205-2	滑坡处理				
-a	清除滑坡体	m^3			
205-3	盐渍土路基处理				
-a	卵砾石隔断	m^3			
-b	土工织物隔断				
-b-1	防渗土工膜	m^2			
-b-2	土工格栅	m^2			
205-4	风积沙填筑路基	m^3			
206-1	涵洞上下游改沟、改渠铺砌				
-a	浆砌片石铺砌	m^3			
-b	现浇混凝土铺砌	m^3			
-c	预制混凝土铺砌	m^3			
清单第200章合计　人民币_____					

工 程 量 清 单

清单　第300章　路面

子目号	子目名称	单位	数量	单价	合价
302-1	砂砾垫层（底基层）				
-a	厚…mm	m²			
303-1	级配砾石（砂砾）基层				
-a	厚…mm	m²			
304-1	水泥稳定砂砾基层				
-a	厚…mm	m²			
305-1	透层	m²			
305-2	黏层	m²			
305-3	封层	m²			
306-1	沥青表面处治				
-a	厚…mm 拌和法	m²			
307-1	细粒式沥青混凝土				
-a	厚…mm	m²			
307-2	中粒式沥青混凝土				
-a	厚…mm	m²			
307-3	粗粒式沥青混凝土				
-a	厚…mm	m²			
308-1	水泥混凝土路面				
-a	C…	m³			
309-1	混凝土预制块路缘（牙）石	m³			
	清单第300章合计　人民币_____				

第五章　工程量清单

工 程 量 清 单

清单　第400章　桥梁通道					
子目号	子目名称	单位	数量	单价	合价
401	基础部分				
401-1	挖基土(石)方				
-a	干处挖土方	m³			
-b	水下挖土方	m³			
-c	干处挖石方	m³			
-d	水下挖石方	m³			
401-2	混凝土基础(包括支撑梁、桩基承台、桩系梁,但不包括桩基)				
-a	C…	m³			
401-3	桩基础				
-a	桩径…m	m			
401-4	钢筋(包括灌注桩、承台、桩系梁、支撑梁等)				
-a	光圆钢筋(HPB235、HPB300)	kg			
-b	带肋钢筋(HRB335、HRB400)	kg			
402	下部结构(包含桥台、桥墩、盖梁、台帽等)				
402-1	下部混凝土				
-a	C…	m³			
402-2	浆砌片(块)石结构	m³			
402-3	钢筋				
-a	光圆钢筋(HPB235、HPB300)	kg			
-b	带肋钢筋(HRB335、HRB400)	kg			
403	上部结构				
403-1	现浇混凝土上部结构				
-a	C…	m³			
403-2	预制混凝土上部结构				
-a	C…	m³			
403-3	钢筋				
-a	光圆钢筋(HPB235、HPB300)	kg			
-b	带肋钢筋(HRB335、HRB400)	kg			

续上表

清单 第400章 桥梁通道					
子目号	子目名称	单位	数量	单价	合价
403-4	现浇预应力混凝土上部结构				
-a	C…	m³			
403-5	预制预应力混凝土上部结构				
-a	C…	m³			
403-6	先张法预应力钢绞线	kg			
403-7	先张法预应力钢筋	kg			
403-8	后张法预应力钢绞线	kg			
403-9	后张法预应力钢筋	kg			
404	附属结构				
404-1	现浇混凝土附属结构				
-a	C…	m³			
404-2	预制混凝土附属结构				
-a	C…	m³			
404-3	钢筋				
-a	光圆钢筋（HPB235、HPB300）	kg			
-b	带肋钢筋（HRB335、HRB400）	kg			
405	桥面铺装				
405-1	沥青混凝土桥面铺装				
-a	厚…mm	m²			
405-2	水泥混凝土桥面铺装				
-a	C…	m³			
406	桥梁支座				
-a	……	个			
407	桥梁伸缩装置				
-a	……	m			
清单第400章合计　人民币_____					

工 程 量 清 单

清单　第500章　排水与涵洞

子目号	子目名称	单位	数量	单价	合价
501-1	边沟、排水沟、截水沟				
-a	浆砌片(卵)石	m³			
-b	现浇混凝土	m³			
-c	预制混凝土	m³			
502-1	埋设排水管				
-a	φ…	m			
503-1	过水路面				
-a	浆砌片(卵)石	m³			
-b	混凝土	m³			
504-1	钢筋混凝土圆管涵				
-a	…m 单孔钢筋混凝土圆管涵	m			
-b	…m 双孔钢筋混凝土圆管涵	m			
505-1	倒虹吸(不分孔径)	m			
506-1	钢筋混凝土盖板涵				
-a	1-…m×…m 钢筋混凝土盖板涵	m			
-b	2-…m×…m 钢筋混凝土盖板涵	m			
507-1	钢筋混凝土箱涵				
-a	1-…m×…m 钢筋混凝土箱涵	m			
-b	2-…m×…m 钢筋混凝土箱涵	m			
508-1	拱涵	m			
	清单第500章合计　人民币_____				

工 程 量 清 单

清单 第600章 防护					
子目号	子目名称	单位	数量	单价	合价
601-1	喷锚护面				
-a	挂网喷锚	m²			
-b	素喷（不挂网）	m²			
602-1	护坡				
-a	混凝土护坡				
-a-1	现浇混凝土护坡	m³			
-a-2	混凝土预制件护坡	m³			
-b	M…浆砌片（卵）石	m³			
603-1	挡土墙				
-a	砌片（块、卵）石	m³			
-b	混凝土挡土墙	m³			
-c	加筋土挡土墙				
-c-1	基础及帽石	m³			
-c-2	预制安装混凝土墙面板	m³			
604-1	河道防护				
-a	河床铺砌				
-a-1	浆砌片石铺砌	m³			
-a-2	混凝土铺砌	m³			
-b	导流设施（护岸墙、顺坝、丁坝、调水坝、锥坡）				
-b-1	浆砌片石	m³			
-b-2	混凝土	m³			
605-1	防风固沙设施				
-a	芦苇栅栏	m			
-b	芦苇草方格	m²			
-c	边坡覆盖	m²			
清单第600章合计　人民币＿＿＿＿					

工程量清单

清单 第700章 安全设施

子目号	子目名称	单位	数量	单价	合价
701-1	钢筋混凝土柱式护栏	根			
702-1	墙式护栏				
-a	C…	m^3			
703-1	钢筋混凝土标志牌				
-a	……	个			
704-1	钢板标志牌				
-a	单柱式	个			
-b	双柱式	个			
-c	门架式	个			
705-1	铝合金标志牌				
-a	单柱式	个			
-b	双柱式	个			
-c	门架式	个			
706-1	路面标线	m^2			
707-1	里程碑	个			
708-1	公路界碑	个			
709-1	百米桩	个			
清单第700章合计 人民币_____					

3.2 投标报价汇总表

序号	章次	科目名称	金额(元)
1	100	总则	
2	200	路基土石方	
3	300	路面	
4	400	桥梁通道	
5	500	排水与涵洞	
6	600	防护	
7	700	安全设施	
8	第100章~700章清单合计		
9	暂列金额(按清单合计金额的____%计列)①		
10	投标报价(即8+9=10)		

---

① 暂列金额的设置不宜超过工程量清单第100章~700章合计金额的3%。

3.3 工程量清单单价分析表

序号	编码	子目名称	人工费		材料费					机械使用费	其他	管理费	税费	利润	综合单价
			工日	单价	金额	主材			辅材费						
						主材耗量	单位	单价	主材费	金额					

第六章 图纸(另册)

第七章 技术规范

第七章 技术规范

一、交通运输部行业标准

1. 《公路工程技术标准》（JTG B01—2014）
2. 《公路工程质量检验评定标准 第一册 土建工程》（JTG F80/1—2017）
3. 《公路沥青路面施工技术规范》（JTG F40—2004）
4. 《公路路基施工技术规范》（JTG/T 3610—2019）
5. 《公路土工合成材料应用技术规范》（JTG/T D32—2012）
6. 《公路路面基层施工技术细则》（JTG F20—2015）
7. 《公路桥涵施工技术规范》（JTG/T F50—2011）
8. 《公路土工试验规程》（JTG E40—2007）
9. 《公路工程沥青及沥青混合料试验规程》（JTG E20—2011）
10. 《公路工程水泥混凝土试验规程》（JTGE30—2005）
11. 《公路工程岩石试验规程》（JTG E41—2005）
12. 《公路工程无机结合料稳定材料试验规程》（JTG E51—2009）
13. 《公路工程集料试验规程》（JTG E42—2005）
14. 《公路路基路面现场测试规程》（JTG 3450—2019）
15. 《公路土工合成材料试验规程》（JTG E50—2006）
16. 《公路交通安全设施施工技术规范》（JTG F71—2006）
17. 《公路工程施工监理规范》（JTG G10—2016）
18. 《小交通量农村公路工程技术标准》（JTG 2111—2019）
19. 《公路工程无结合机料稳定材料试验规程》（JTG E51—2009）
20. 《公路水泥混凝土路面施工技术细则》（JTG F30—2014）
21. 《公路工程施工安全技术规范》（JTG F90—2015）

二、相关国家标准

1. 《钢筋混凝土用钢 第1部分：热轧光圆钢筋》（GB/T 1499.1—2017）
2. 《钢筋混凝土用钢 第2部分：热轧带肋钢筋》（GB/T 1499.2—2018）
3. 《道路工程制图标准》（GB 50162—92）
4. 《普通螺纹 公差》（GB/T 197—2018）

三、相关地方行业标准规范、规定

1. 《交通建设项目竣工档案编制办法》（新交办〔2009〕83号）

2.新疆盐渍土地区公路路基路面设计与施工规范(XJT J01—2001)

注:技术规范包括但不限于上述标准、规范。在投标文件递交截止时间前,与本工程相关的标准或规范如果有修改或新颁(无论招标文件中是否引用),则按新标准或规范执行,相关费用视为已包含在相关工程子目的单价或总额价中,不另行计量与支付。

第八章　工程量清单计量规则

第八章　工程量清单计量规则

一、说明

1. 一般要求

(1) 本计量规则各章节是按第五章"工程量清单"的相应章节编号的，因此，各章节工程子目的工程量计量规则与工程量清单中相对应的工程子目的"子目号""子目名称""单位"一致，"工程量计量""工程内容"是相应的工程子目的计量依据。

(2) 本规则所有工程项目，除个别注明者外，均采用我国法定的计量单位，即国际单位及国际单位制导出的辅助单位进行计量。

(3) 本规则的计量与支付，应与合同条款、工程量清单以及图纸同时阅读，工程量清单中的支付项目号和本规则的章节编号是一致的。

(4) 任何工程项目的计量，均应按本规则规定或监理人书面指示进行。

(5) 按合同提供的材料数量和完成的工程数量所采用的测量与计算方法，应符合本规则规定。所有这些方法，应经监理人批准或指示。承包人应提供一切计量设备和条件，并保证其设备精度符合要求。

(6) 除非监理人另有准许，一切计量工作都应在监理人在场情况下，由承包人测量、记录。有承包人签名的计量记录原本，应提交给监理人审查和保存。

(7) 工程量应由承包人计算，由监理人审核。工程量计算的副本应提交给监理人并由监理人保存。

(8) 除合同特殊约定单独计量之外，全部必需的模板、脚手架、装备、机具、螺栓、垫圈和钢制件等其他材料，应包括在工程量清单中所列的有关支付项目中，均不单独计量。

(9) 除监理人另有批准外，凡超过图纸所示的面积或体积，都不予计量与支付。

(10) 承包人应严格标准计量基础工作和材料采购检验工作。沥青混凝土、沥青碎石、水泥混凝土、高强度等级水泥砂浆的施工现场必须使用电子计量设备称重。因不符合计量规定引发质量问题，所发生的费用由承包人承担。

2. 质量

(1) 凡以质量计量或以质量作为配合比设计的材料，都应在精确与批准的磅秤上，由称职合格的人员在监理人指定或批准的地点进行称重。

(2) 称重计量时应满足以下条件：监理人在场；称重记录；载明包装材料、支撑装置、垫块、捆束物等质量的说明书在称重前提交给监理人作为依据。

(3) 钢筋、钢板或型钢计量时，应按图纸或其他资料标示的尺寸和净长计算。搭接、接头套筒、焊接材料、下脚料和固定、定位架立钢筋等，则不予另行计量。钢筋、钢板或型钢应以千克计量,四舍五入,不计小数。钢筋、钢板或型钢由于理论单位质量与实际单位质量的差异而引起材料质量与数量不相匹配的情况,计量时不予考虑。

(4)金属材料的质量不得包括施工需要加放或使用的灰浆、楔块、填缝料、垫衬物、油料、接缝料、焊条、涂敷料等质量。

(5)承运按质量计量的材料的货车,应每天在监理人指定的时间和地点称出空车质量,每辆货车还应标示清晰易辨的标记。

(6)对有规定标准的项目,例如钢筋、金属线、钢板、型钢、管材等,均有规定的规格、质量、截面尺寸等指标,这类指标应视为通常的质量或尺寸;除非引用规范中的允许偏差值加以控制,否则可用制造商的允许偏差。

3. 面积

除非另有规定,计算面积时,其长、宽应按图纸所示尺寸线或按监理人指示计量。对于面积在 $1m^2$ 以下的固定物(如检查井等)不予扣除。

4. 结构物

(1)结构物应按图纸所示净尺寸线,或根据监理人指示修改的尺寸线计量。

(2)水泥混凝土的计量应按监理人认可的并已完工工程的净尺寸计算,钢筋的体积不扣除,倒角不超过 $0.15m \times 0.15m$ 时不扣除,体积不超过 $0.03m^3$ 的开孔及开口不扣除,面积不超过 $0.15m \times 0.15m$ 的填角部分也不增加。

(3)所有以米计量的结构物(如管涵等),除非图纸另有表示,应按平行于该结构物位置的基面或基础的中心方向计量。

5. 土方

(1)土方体积可采用平均断面积法计算,但与似棱体公式(prismoidal formula)计算结果比较,如果误差超过 $\pm 5\%$ 时,监理人可指示采用似棱体公式。

(2)各种不同类别的挖方与填方计量,应以图纸所示界线为限,而且应在批准的横断面图上标明。

(3)用于填方的土方量,应按压实后的纵断面高程和路床面为准来计量。承包人报价时,应考虑在挖方或运输过程中引起的体积差。

(4)在现场钉桩后 56d 内,承包人应将设计和进场复测的土方横断面图连同土方的面积与体积计算表一并提交监理人批准。所有横断面图都应标有图题框,其大小由监理人指定。一旦横断面图得到最后批准,承包人应交给监理人原版图及三份复制图。

6. 运输车辆体积

(1)用体积计量的材料,应以经监理人批准的车辆装运,并在运到地点进行计量。

(2)用于体积运输的车辆,其车厢的形状和尺寸应使其容量能够容易而准确地测定并应保证精确度。每辆车都应有明显标记。每车所运材料的体积应于事前由监理人与承包人相互达成书面协议。

(3)所有车辆都应装载成水平容积高度,车辆到达送货点时,监理人可以要求将其装载物重新整平,对超过定量运送的材料将不支付。运量达不到定量的车辆,应被拒绝或按监理人确定减少的体积接收。根据监理人的指示,承包人应在货物交付点,随机将一车材料刮平,在刮平后如发现货车运送的材料少于定量时,从前一车起所有运到的材料的计量都按同样比率减为目前的车载量。

7. 质量与体积换算

(1)如承包人提出要求并得到监理人的书面批准,已规定要用立方米计量的材料可以称重,并将此质量换算为立方米计量。

(2)将质量计量换算为体积计量的换算系数应由监理人确定,并应在此种计量方法使用之前征得承包人的同意。

8. 沥青和水泥

(1)沥青和水泥应以千克为单位计量。

(2)如用货车或其他运输工具装运沥青材料,可以按经过检定的质量或体积计算沥青材料的数量,但要对漏失量或泡沫进行校正。

(3)水泥可以以袋作为计量的依据,但一袋的标准应为50kg。散装水泥应称重计量。

9. 成套的结构单元

如规定的计量单位是一成套的结构物或结构单元(实际上就是按"总额"或称"一次支付"计的工程子目),该单元应包括了所有必需的设备、配件和附属物及相关作业。

10. 标准制品项目

(1)如规定采用标准制品(如护栏、钢丝、钢板、轧制型材、管子等),而这类项目又是以标准规格(单位重、截面尺寸等)标识的,则这种标识可以作为计量的标准。

(2)除非所采用标准制品的允许误差比规范的允许误差要求更严格,否则,生产厂确立的制造允许误差不予认可。

二、计量规则

第100章 总　　则

子目号	子目名称	单位	工程量计量	工程内容
102-1	竣工文件	总额	以总额为单位计量	按《公路工程竣(交)工验收办法》《公路工程竣(交)工验收办法实施细则》及合同条款规定进行编制
102-2	施工环保费	总额	以总额为单位计量	严格遵守国家环境保护部门及合同条款的相关规定,落实环境保护。包括实施过程中直接的或间接的费用
103-1	临时道路修建、养护与拆除(包括原道路的养护)	总额	以总额为单位计量	承包人根据要求和需要修建社会交通便道和施工现场的便道、便桥(涵),并设置必要的交通标志,便道应加强养护、降低扬尘;施工结束时,原有道路应做一次全面维修养护,临时增加的道路应拆除,并经检验合格
103-2	临时工程用地	总额	以总额为单位计量	1. 临时占地包含承包人生产、生活用地,施工中的取、弃土场及料场用地,临时工程及附属工作临时用地等; 2. 临时占地由承包人向当地政府土地管理部门申请,并办理租用手续,承包人按有关规定直接支付其费用,发包人对此将予以协调; 3. 临时占地退还前,承包人应自费恢复到临时占地使用前的状态。如因承包人撤离后未按要求对临时占地进行恢复或虽进行了恢复但未达到使用标准的,将由发包人委托第三方对其恢复,所发生的费用将从应付给承包人的任何款项内扣除
103-3	临时供电设施架设、维护与拆除	总额	以总额为单位计量	承包人应当在发包人的协助下,与当地电力部门联系,建立临时电力系统,并配备发电设备作为备用电源,并承担安装、操作、维修、燃料等相关工作及费用;工程交工后,承包人应负责拆除所安装设备及系统,恢复到工程实施前的状态

续上表

子目号	子目名称	单位	工程量计量	工程内容
103-4	电信设施的提供、维修与拆除	总额	以总额为单位计量	承包人应当在发包人的协助下,与当地电信部门联系,建立临时电信系统,并承担安装、操作、维修等相关工作及费用;工程交工后,承包人应负责拆除所安装设备及系统,恢复到工程实施前的状态
103-5	临时供水与排污设施	总额	以总额为单位计量	1. 承包人应负责提供、安装和保养全部施工和生活用水设施,保证按施工和生活用水标准供水,并承担相关费用;工程交工后,承包人应拆除全部临时供水设施; 2. 承包人应负责安装、维修和管理临时排污系统,并按国家相关标准实施排放施工和生活的污水、废水,并承担相关费用;工程交工后,承包人应拆除全部临时排污设施
104-1	承包人驻地建设	总额	以总额为单位计量	1. 承包人驻地建设包括:施工与管理所需的办公室、住房、工地试验室、车间、工作场地、预制场地、仓库与储料场、拌和场、医疗卫生与消防设施等; 2. 驻地的建设、管理与维护; 3. 工程交工后,按照合同或协议要求将驻地移走、清除、恢复原貌
105-1	安全生产费	总额	按投标价(不含安全生产费)的1.5%(若招标人公布了最高投标限价时,按最高投标限价的1.5%)以总额为单位计量	按《中华人民共和国安全生产法》《建设工程安全生产管理条例》《公路水运工程安全生产监督管理办法》《公路工程施工安全技术规范》(JTG F90—2015)及合同条款规定落实安全生产

第200章 路 基

子目号	子目名称	单位	工程量计量	工程内容
202-1	清理与掘除			
-a	清理现场	m²	1. 依据图纸所示位置及范围（路基范围以外临时工程用地清场等除外），按路基开挖线或填筑边线之间的水平投影面积以平方米为单位计量； 2. 因压实而产生的下沉量，不另行计量	1. 灌木、竹林、胸径小于10cm树木的砍伐及挖根； 2. 清除场地表面0~30cm范围内的垃圾、废料、表土（腐殖土）、石头、草皮； 3. 与清理现场有关的一切挖方、坑穴的回填、清理现场后回填至原地面、整平、压实； 4. 适用材料的装卸、移运、堆放及非适用材料的移运处理； 5. 现场清理
-b	砍伐树木、挖除树根	棵	依据图纸所示路基范围内胸径10cm以上（含10cm）的树木及树根，按实际砍伐及挖除数量以棵为单位计量	1. 砍伐； 2. 截锯； 3. 挖除树根； 4. 装卸、移运至指定地点堆放； 5. 树坑回填、夯实； 6. 现场清理
202-2	挖除旧路面	m³	1. 依据图纸所示位置，挖除路基范围内原有的旧路面，按不同的路面结构类型以立方米为单位计量； 2. 挖除旧路面后的借方或利用方回填至原路面高程并压实、面层以下各结构层的挖除费用应列入挖除旧路面单价之内，不另行计量	1. 挖除； 2. 装卸、移运、掩埋处理； 3. 路床碾压、回填至原地面高程； 4. 场地清理、平整、压实
202-3	拆除结构物	m³	依据图纸所示位置，拆除路基范围内原有的结构物，分不同类型（钢筋混凝土、混凝土、砖石及其他砌体），以立方米为单位计量	1. 挖除； 2. 装卸、移运、废料处理； 3. 坑穴回填、压实； 4. 场地清理、平整
203-1	路基挖方			

续上表

子目号	子目名称	单位	工程量计量	工程内容
-a	挖土方	m³	1. 依据图纸所示地面线、路基设计横断面图、路基土石比例,采用平均断面面积法计算,包括边沟、排水沟、截水沟的土方,按照天然密实体积以立方米为单位计量; 2. 在挖土方路段、零填挖路段、低填路段的路床顶面以下0~800mm范围内的压实度不满足技术规范要求时,按规范要求所采取的翻松、压实,作为挖土方的附属工作,不另行计量; 3. 凡超过图纸或监理人规定尺寸的开挖,均不予计量; 4. 结构物台背回填的挖运土方不另行计量,桥梁及明涵的搭板、埋板下的路面结构层在相应章节内计量; 5. 挖台阶的土方作为附属工作,不另行计量	1. 挖、装、运输、卸车; 2. 填料分理、弃土整型、压实; 3. 施工排水处理; 4. 边坡整修、路床顶面以下挖松深300mm再压实、路床清理
-b	挖石方	m³	1. 依据图纸所示地面线、路基设计横断面图、路基土石比例,按平均断面积法计算,包括边沟、排水沟、截水沟的石方,按照天然体积以立方米为单位计量; 2. 凡超过图纸或监理人规定尺寸的开挖,均不予计量; 3. 爆破安全措施、运输(不论运距远近)和堆放、质量检验、临时道路和临时排水均属于附属工作,不另行计量与支付; 4. 挖台阶的土方作为附属工作,不另行计量	1. 石方爆破; 2. 挖、装、运输、卸车; 3. 填料分理、弃土整型、压实; 4. 施工排水处理; 5. 边坡整修、路床顶面凿平或填平压实、路床清理
-c	挖除非适用材料(不含淤泥)	m³	依据图纸所示位置,挖除路基范围内非适用材料(不含淤泥)以立方米为单位计量	1. 施工排水处理; 2. 挖除、装载、运输、卸车、堆放、弃土整型; 3. 现场清理

续上表

子目号	子目名称	单位	工程量计量	工程内容
-d	挖淤泥	m³	依据图纸所示位置,挖除路基范围内淤泥以立方米为单位计量	1. 施工排水处理; 2. 挖除、装载、运输、卸车、堆放、弃土整型; 3. 现场清理
203-2	改河、改渠、改路挖方			
-a	挖土方	m³	1. 依据图纸所示地面线、路基设计横断面图、路基土石比例,采用平均断面面积法计算,包括边沟、排水沟、截水沟的土方,按照天然密实体积以立方米为单位计量; 2. 在挖土方路段、零填挖路段、低填路段的路床顶面以下 0～800mm 范围内的压实度不满足技术规范要求时,按规范要求所采取的翻松、压实,作为挖土方的附属工作,不另行计量; 3. 凡超过图纸或监理人规定尺寸的开挖,均不予计量; 4. 结构物台背回填的挖运土方不另行计量,桥梁及明涵的搭板、埋板下的路面结构层在相应章节内计量; 5. 挖台阶的土方作为附属工作,不另行计量	1. 挖、装、运输、卸车; 2. 填料分理、弃土整型、压实; 3. 施工排水处理; 4. 边坡整修、路床顶面以下挖松深 300mm 再压实、路床清理
-b	挖石方	m³	1. 依据图纸所示地面线、路基设计横断面图、路基土石比例,按平均断面面积法计算,包括边沟、排水沟、截水沟的石方,按照天然体积以立方米为单位计量; 2. 凡超过图纸或监理人规定尺寸的开挖,均不予计量; 3. 爆破安全措施、运输(不论运距远近)和堆放、质量检验、临时道路和临时排水均属于附属工作,不另行计量与支付; 4. 挖台阶的土方作为附属工作,不另行计量	1. 石方爆破; 2. 挖、装、运输、卸车; 3. 填料分理、弃土整型、压实; 4. 施工排水处理; 5. 边坡整修、路床顶面凿平或填平压实、路床清理

续上表

子目号	子目名称	单位	工程量计量	工程内容
-c	挖除非适用材料(不含淤泥)	m³	依据图纸所示位置,挖除路基范围内非适用材料(不含淤泥)以立方米为单位计量	1. 施工排水处理; 2. 挖除、装载、运输、卸车、堆放、弃土整型; 3. 现场清理
-d	挖淤泥	m³	依据图纸所示位置,挖除路基范围内淤泥以立方米为单位计量	1. 施工排水处理; 2. 挖除、装载、运输、卸车、堆放、弃土整型; 3. 现场清理
204-1	路基填筑(包括填前压实)			
-a	利用土方	m³	1. 依据图纸所示地面线、路基设计横断面图,按平均断面面积法计算压实的体积,以立方米为单位计量; 2. 当填料中石料含量小于30%时,适用于本条; 3. 满足施工需要,预留路基宽度宽填的填方量作为路基填筑的附属工作,不另行计量; 4. 填前压实、地面下沉增加的填方量,不另行计量; 5. 结构物台背回填的回填材料、摊平、压实、整型以及台后排水等一切与此有关作业已包含在相关子目中,均不另行计量,但桥梁及明涵的搭板、埋板下的路面结构层在相应章节内计量	1. 基底翻松、压实、挖台阶; 2. 临时排水、翻晒; 3. 装、卸、运输、分层摊铺; 4. 洒水、压实、刷坡; 5. 整型
-b	利用石方	m³	1. 依据图纸所示地面线、路基设计横断面图,按平均断面面积法计算压实的体积,以立方米为单位计量; 2. 当填料中石料含量大于70%时,适用于本条; 3. 填前压实、地面下沉增加的填方量,不另行计量; 4. 结构物台背回填的回填材料、摊平、压实、整型以及台后排水等一切与此有关作业均不另行计量,但桥梁及明涵的搭板、埋板下的路面结构层在相应章节内计量	1. 基底翻松、压实、挖台阶; 2. 临时排水、翻晒; 3. 装、卸、运输、边坡码砌; 4. 分层摊铺; 5. 小石块(或石屑)填缝、找补; 6. 洒水、压实; 7. 整型

续上表

子目号	子目名称	单位	工程量计量	工程内容
-c	借土填方	m³	1. 依据图纸所示地面线、路基设计横断面图,按平均断面面积法计算压实的体积,以立方米为单位计量; 2. 借土场的绿化、原地表土的回填、防护工程、排水设施等均作为附属工作,不另行计量; 3. 满足施工需要,预留路基宽度宽填的填方量作为路基填筑的附属工作,不另行计量; 4. 填前压实、地面下沉增加的填方量,不另行计量; 5. 结构物台背回填的回填材料、摊平、压实、整型以及台后排水等一切与此有关作业均不另行计量,但桥梁及明涵的搭板、埋板下的路面结构层在相应章节内计量	1. 借土场场地清理、清除不适用材料; 2. 简易便道、基底翻松、压实、挖台阶; 3. 挖、装、运输、卸车; 4. 分层摊铺; 5. 洒水、压实、刷坡; 6. 施工排水处理; 7. 整型
-d	借石填方	m³	1. 依据图纸所示地面线、路基设计横断面图,按平均断面面积法计算压实的体积,以立方米为单位计量; 2. 借土场的绿化、原地表土的回填、防护工程、排水设施等均作为附属工作,不另行计量; 3. 满足施工需要,预留路基宽度宽填的填方量作为路基填筑的附属工作,不另行计量; 4. 填前压实、地面下沉增加的填方量,不另行计量; 5. 结构物台背回填的回填材料、摊平、压实、整型以及台后排水等一切与此有关作业均不另行计量,但桥梁及明涵的搭板、埋板下的路面结构层在相应章节内计量	1. 借土场场地清理、清除不适用材料; 2. 简易便道、基底翻松、压实、挖台阶; 3. 挖、装、运输、卸车; 4. 分层摊铺; 5. 洒水、压实、土质护坡; 6. 施工排水处理; 7. 整型

续上表

子目号	子目名称	单位	工程量计量	工程内容
-e	反压护坡道	m³	1. 依据图纸所示路基设计横断面图，按平均断面面积法计算压实的体积，以立方米为单位计量； 2. 满足施工需要，预留路基宽度宽填的填方量作为路基填筑的附属工作，不另行计量； 3. 填前压实、地面下沉增加的填方量，不另行计量	1. 基底翻松、压实、挖台阶； 2. 临时排水、翻晒； 3. 装、卸、运输、分层摊铺； 4. 洒水、压实； 5. 整型
204-2	改河、改渠、改路填筑			
-a	利用土方	m³	1. 依据图纸所示地面线、路基设计横断面图，按平均断面面积法计算压实的体积，以立方米为单位计量； 2. 当填料中石料含量小于30%时，适用于本条； 3. 满足施工需要，预留路基宽度宽填的填方量作为路基填筑的附属工作，不另行计量； 4. 填前压实、地面下沉增加的填方量，不另行计量； 5. 结构物台背回填的回填材料、摊平、压实、整型以及台后排水等一切与此有关作业已包含在相关子目中，均不另行计量，但桥梁及明涵的搭板、埋板下的路面结构层在相应章节内计量	1. 基底翻松、压实、挖台阶； 2. 临时排水、翻晒； 3. 装、卸、运输、分层摊铺； 4. 洒水、压实、刷坡； 5. 整型
-b	利用石方	m³	1. 依据图纸所示地面线、路基设计横断面图，按平均断面面积法计算压实的体积，以立方米为单位计量； 2. 当填料中石料含量大于70%时，适用于本条； 3. 满足施工需要，预留路基宽度宽填的填方量作为路基填筑的附属工作，不另行计量； 4. 填前压实、地面下沉增加的填方量，不另行计量； 5. 结构物台背回填的回填材料、摊平、压实、整型以及台后排水等一切与此有关作业均不另行计量，但桥梁及明涵的搭板、埋板下的路面结构层在相应章节内计量	1. 基底翻松、压实、挖台阶； 2. 临时排水、翻晒； 3. 装、卸、运输、边坡码砌； 4. 分层摊铺； 5. 小石块（或石屑）填缝、找补； 6. 洒水、压实； 7. 整型

续上表

子目号	子目名称	单位	工程量计量	工程内容
-c	借土填方	m³	1. 依据图纸所示地面线、路基设计横断面图,按平均断面面积法计算压实的体积,以立方米为单位计量; 2. 借土场的绿化、原地表土的回填、防护工程、排水设施等均作为附属工作,不另行计量; 3. 满足施工需要,预留路基宽度宽填的填方量作为路基填筑的附属工作,不另行计量; 4. 填前压实、地面下沉增加的填方量,不另行计量; 5. 结构物台背回填的回填材料、摊平、压实、整型以及台后排水等一切与此有关作业均不另行计量,但桥梁及明涵的搭板、埋板下的路面结构层在相应章节内计量	1. 借土场场地清理、清除不适用材料; 2. 简易便道、基底翻松、压实、挖台阶; 3. 挖、装、运输、卸车; 4. 分层摊铺; 5. 洒水、压实、刷坡; 6. 施工排水处理; 7. 整型
-d	借石填方	m³	1. 依据图纸所示地面线、路基设计横断面图,按平均断面面积法计算压实的体积,以立方米为单位计量; 2. 借土场的绿化、原地表土的回填、防护工程、排水设施等均作为附属工作,不另行计量; 3. 满足施工需要,预留路基宽度宽填的填方量作为路基填筑的附属工作,不另行计量; 4. 填前压实、地面下沉增加的填方量,不另行计量; 5. 结构物台背回填的回填材料、摊平、压实、整型以及台后排水等一切与此有关作业均不另行计量,但桥梁及明涵的搭板、埋板下的路面结构层在相应章节内计量	1. 借土场场地清理、清除不适用材料; 2. 简易便道、基底翻松、压实、挖台阶; 3. 挖、装、运输、卸车; 4. 分层摊铺; 5. 洒水、压实、土质护坡; 6. 施工排水处理; 7. 整型
205-1	软土路基处理			
-a	抛石挤淤	m³	依据图纸所示位置和范围,按照抛石体积的片石数量,以立方米为单位计量	1. 临时排水; 2. 抛填片石; 3. 小石块、石屑填塞垫平; 4. 重型压路机压实

续上表

子目号	子目名称	单位	工程量计量	工程内容
-b	垫层			
-b-1	砂垫层	m³	1. 依据图纸所示位置和断面尺寸,按图示砂垫层密实体积以立方米为单位计量; 2. 因换填而挖除的非适用材料列入203-1相关子目计量	1. 基底清理; 2. 临时排水; 3. 分层铺筑; 4. 分层碾压
-b-2	砂砾垫层	m³	1. 依据图纸所示位置和断面尺寸,按图示砂砾垫层密实体积以立方米为单位计量; 2. 因换填而挖除的非适用材料列入203-1相关子目计量	1. 基底清理; 2. 临时排水; 3. 分层铺筑; 4. 分层碾压
-c	碎石(砂砾)桩	m	依据图纸所示位置和断面尺寸,按图示不同桩径的碎石(砂砾)桩长度以米为单位计量	1. 场地清理; 2. 成桩设备安装与就位; 3. 成孔; 4. 灌碎石(砂砾); 5. 桩机移位
-d	砂桩	m	依据图纸所示位置和断面尺寸,按图示不同桩径的砂桩长度以米为单位计量	1. 场地清理; 2. 成桩设备安装与就位; 3. 成孔; 4. 灌砂; 5. 桩机移位
-e	土工合成材料			
-e-1	反滤土工布	m²	1. 依据图纸所示位置和规格,按土层中分层铺设反滤土工布的累计净面积以平方米为单位计量; 2. 接缝的重叠面积和边缘的包裹面积不予计量	1. 清理下承层; 2. 铺设及固定; 3. 接缝处理(搭接、缝接、粘接); 4. 边缘处理
-e-2	防渗土工膜	m²	1. 依据图纸所示位置和规格,按土层中分层铺设防渗土工膜的累计净面积以平方米为单位计量; 2. 接缝的重叠面积和边缘的包裹面积不予计量	1. 清理下承层; 2. 铺设及固定; 3. 接缝处理(搭接、缝接、粘接); 4. 边缘处理

续上表

子目号	子目名称	单位	工程量计量	工程内容
-e-3	土工格栅	m²	1. 依据图纸所示位置和规格、型号，按土层中分层铺设土工格栅的累计净面积以平方米为单位计量； 2. 接缝的重叠面积和边缘的包裹面积不予计量	1. 清理下承层； 2. 铺设及固定； 3. 接缝处理（搭接、缝接、粘接）； 4. 边缘处理
-f	强夯及强夯置换			
-f-1	强夯	m²	1. 依据图纸所示位置和处理面积，按图示路堤底面积以平方米为单位计量； 2. 施工前的地表处理、拦截地表和地下水、强夯和强夯后的标准贯入、静力触探测试等为附属工作，不另行计量； 3. 强夯后沉降部分回填至原高程的借方或利用方挖运、整平、压实等相关作业为附属工作，不另行计量	1. 场地清理； 2. 拦截、排除地表水； 3. 防止地表水下渗等防渗措施； 4. 强夯处理； 5. 路基整型； 6. 压实； 7. 沉降观测
-f-2	强夯置换	m³	1. 依据图纸所示位置，按图示置换的体积以立方米为单位计量； 2. 与强夯置换有关的试夯、试验、观测、检测等为附属工作，不另行计量； 3. 场地整平、开挖隔震沟（包括竣工后回填）和因强夯置换对周围构造物的影响（包括恢复或赔付）及因强夯置换而引起的原地表的下沉和隆起发生的土方等所涉及费用已包含在相关工程子目的单价中，不另行计量	1. 场地清理； 2. 拦截、排除地表水； 3. 防止地表水下渗等防渗措施； 4. 挖除材料； 5. 铺设置换材料； 6. 强夯； 7. 路基整型； 8. 承载力检测
205-2	滑坡处理			
-a	清除滑坡体	m³	依据图纸所示位置，按照清除滑坡体土方与石方的天然体积分别以立方米为单位计量	1. 地表水引排、防渗、地下水疏导引离； 2. 挖除、装载； 3. 运输到指定地点堆放； 4. 现场清理

续二表

子目号	子目名称	单位	工程量计量	工程内容
205-3	盐渍土路基处理			
-a	卵砾石隔断	m³	1.依据图纸所示位置和断面尺寸,按图示设置卵砾石隔断,密实体积以立方米为单位计量; 2.因换填而挖除的非适用材料列入203-1相关子目计量	1.基底清理; 2.临时排水; 3.分层铺筑; 4.分层碾压
-b	土工织物隔断			
-b-1	防渗土工膜	m²	1.依据图纸所示位置和规格,按土层中分层铺设防渗土工膜的累计净面积以平方米为单位计量; 2.接缝的重叠面积和边缘的包裹面积不予计量	1.清理下承层; 2.铺设及固定; 3.接缝处理(搭接、缝接、粘接); 4.边缘处理
-b-2	土工格栅	m²	1.依据图纸所示位置和规格、型号,按土层中分层铺设土工格栅的累计净面积以平方米为单位计量; 2.接缝的重叠面积和边缘的包裹面积不予计量	1.清理下承层; 2.铺设及固定; 3.接缝处理(搭接、缝接、粘接); 4.边缘处理
205-4	风积沙填筑路基	m³	依据图纸所示地面线、路基设计横断面图,按平均断面面积法计算压实体积,以立方米为单位计量	1.基底翻松、压实、挖台阶; 2.挖、装、运输、卸车; 3.分层摊铺; 4.洒水、压实; 5.整型
206-1	涵洞上下游改沟、改渠铺砌			
-a	浆砌片石铺砌	m³	依据图纸所示位置及断面尺寸,按照不同强度等级水泥砂浆铺砌的片石体积,以立方米为单位计量	1.场地清理; 2.地基平整夯实,沟、渠断面补挖; 3.铺设垫层; 4.砂浆拌制; 5.浆砌片石、勾缝、抹面、养护; 6.回填、压实

续上表

子目号	子目名称	单位	工程量计量	工 程 内 容
-b	现浇混凝土铺砌	m^3	依据图纸所示位置及断面尺寸,按照不同强度等级混凝土浇筑的沟、渠铺砌体积,以立方米为单位计量	1. 场地清理; 2. 地基平整夯实,沟、渠断面补挖; 3. 铺设垫层; 4. 模板制作、安装、拆除; 5. 混凝土拌和、运输、浇筑、养护; 6. 回填、压实
-c	预制混凝土铺砌	m^3	依据图纸所示位置及断面尺寸,按照不同强度等级混凝土预制的沟、渠铺砌体积,以立方米为单位计量	1. 场地清理; 2. 地基平整夯实,沟、渠断面补挖; 3. 铺设垫层; 4. 模板制作、安装、拆除; 5. 预制件预制、运输、装拆; 6. 预制件安装; 7. 回填、压实

第300章 路　　面

子目号	子目名称	单位	工程量计量	工程内容
302-1	砂砾垫层(底基层)	m²	依据图纸所示压实厚度,按照铺筑的顶面面积以平方米为单位计量	1. 检查、清除路基上的浮土、杂物,并洒水湿润; 2. 摊铺; 3. 整平、整型; 4. 洒水、碾压、整修
303-1	级配碎石(砂砾)基层	m²	依据图纸所示压实厚度,按照铺筑的顶面面积以平方米为单位计量	1. 检查、清理下承层、洒水; 2. 铺筑材料拌和、运输、摊铺; 3. 整平、整型; 4. 洒水、碾压
304-1	水泥稳定砂砾基层	m²	依据图纸所示压实厚度,按照铺筑的顶面面积以平方米为单位计量	1. 检查、清理下承层、洒水; 2. 拌和、运输、摊铺; 3. 整平、整型; 4. 洒水、碾压、初期养护
305-1	透层	m²	依据图纸所示沥青品种、规格、喷油量,按照洒布面积以平方米为单位计量	1. 检查和清扫下承层; 2. 材料制备、运输; 3. 试洒; 4. 沥青洒布车均匀喷洒并检测洒布用量; 5. 初期养护
305-2	黏层	m²	依据图纸所示沥青品种、规格、喷油量,按照洒布面积以平方米为单位计量	1. 检查和清扫下承层; 2. 材料制备、运输; 3. 试洒; 4. 沥青洒布车均匀喷洒并检测洒布用量; 5. 初期养护
305-3	封层	m²	依据图纸所示沥青种类、厚度,按照封层面积以平方米为单位计量	1. 检查和清扫下承层; 2. 试验段施工; 3. 专用设备洒布或施工封层; 4. 整型、碾压、找补; 5. 初期养护
306-1	沥青表面处治	m²	依据图纸所示沥青种类、厚度、喷油量,按照沥青表面处治面积以平方米为单位计量	1. 检查和清理下承层; 2. 安拆除熬油设备; 3. 熬油、运油; 4. 沥青洒布车洒油; 5. 整型、碾压、找补; 6. 初期养护

续上表

子目号	子目名称	单位	工程量计量	工程内容
307-1	细粒式沥青混凝土	m²	依据图纸所示级配类型及铺筑压实厚度,按照铺筑的顶面面积以平方米为单位计量	1.检查和清理下承层; 2.拌和设备安装、调试、拆除; 3.沥青加热、保温、输送,配运料,矿料加热烘干,拌和、出料; 4.运输、摊铺、碾压、成型; 5.接缝处理; 6.初期养护
307-2	中粒式沥青混凝土	m²	依据图纸所示级配类型及铺筑压实厚度,按照铺筑的顶面面积以平方米为单位计量	1.检查和清理下承层; 2.拌和设备安装、调试、拆除; 3.沥青加热、保温、输送,配运料,矿料加热烘干,拌和、出料; 4.运输、摊铺、碾压、成型; 5.接缝处理; 6.初期养护
307-3	粗粒式沥青混凝土	m²	依据图纸所示级配类型及铺筑压实厚度,按照铺筑的顶面面积以平方米为单位计量	1.检查和清理下承层; 2.拌和设备安装、调试、拆除; 3.沥青加热、保温、输送,配运料,矿料加热烘干,拌和、出料; 4.运输、摊铺、碾压、成型; 5.接缝处理; 6.初期养护
308-1	水泥混凝土路面	m³	依据图纸所示厚度和混凝土强度等级,按照铺筑体积以立方米为单位计量	1.检查和清理下承层、洒水湿润; 2.模板制作、架设、安装、修理、拆除; 3.钢筋截断、弯曲、安设、支承及固定 4.混凝土拌合物配合比设计、配料、拌和、运输、浇筑、振捣、真空吸水、抹平、压(刻)纹、养护; 5.切缝、灌缝; 6.初期养护

续上表

子目号	子目名称	单位	工程量计量	工 程 内 容
309-1	混凝土预制块路缘(牙)石	m³	依据图纸所示断面尺寸和混凝土强度等级,按照预制安装体积以立方米为单位计量	1. 预制场地平整,硬化处理; 2. 路缘(牙)石预制、装运; 3. 路基整修、基槽开挖与回填,废方弃运; 4. 基槽夯实; 5. 路缘石铺砌、勾缝; 6. 路缘(牙)石后背回填夯实

第400章 桥梁通道

子目号	子目名称	单位	工程量计量	工程内容
401	基础部分			
401-1	挖基土(石)方			
-a	干处挖土方	m³	1.根据图示,取用底、顶面间平均高度的棱柱体体积,分干处、水下及土、石不同类型,以立方米为单位计量; 2.在地下水位以上开挖的为干处挖方,在地下水位以下开挖的为水下挖方; 3.基坑底面、顶面及侧面的确定应符合下列规定: a.基坑开挖底面:按图纸所示的基底高程线计算。 b.基坑开挖顶面:按设计图纸横断面上所标示的原地面线计算。 c.基坑开挖侧面:按顶面到底面,以超出基底周边0.5m的竖直面为界	1.场地清理; 2.围堰、排水; 3.基坑开挖; 4.基坑支护; 5.基坑检查、修整; 6.基坑回填、压实; 7.弃方清运
-b	水下挖土方			
-c	干处挖石方			1.场地清理; 2.围堰、排水; 3.钻爆、出渣; 4.基坑支护; 5.基坑检查、修整; 6.基坑回填、压实; 7.弃方清运
-d	水下挖石方			
401-2	混凝土基础(包括支撑梁、桩基承台、桩系梁,但不包括桩基础)	m³	依据图纸所示体积,分不同强度等级以立方米为单位计量	1.场地清理; 2.搭拆作业平台; 3.铺设垫层; 4.安拆套箱或模板;安设预埋件; 5.混凝土配运料、拌和、运输、浇筑、振捣、养护、试验测试; 6.施工缝、沉降缝设置处理; 7.混凝土的冷却管制作安装,通水、降温; 8.排水、防水、防冻、防腐措施

续上表

子目号	子目名称	单位	工程量计量	工程内容
401-3	桩基础	m	1. 依据图纸所示桩长及混凝土强度等级，按照不同桩径的桩长以米为单位计量。 2. 施工图设计水深小于2m（含2m）的为陆上钻孔灌注桩。 3. 桩长为桩底高程至承台底面或系梁底面。对于与桩连为一体的柱式墩台，如无承台或系梁，则以桩位处原始地面线为分界线，地面线以下部分为灌注桩桩长。图纸有标示的，按图纸标示为准。 4. 由于超钻深于所需桩长部分，不予计量	1. 安设护筒及设置钻孔平台； 2. 钻机安拆、就位； 3. 钻孔、成孔、成孔检查； 4. 安装声测管； 5. 混凝土制拌、运输、浇筑； 6. 破桩头； 7. 按相关规定进行桩基检测
401-4	钢筋（包括灌注桩、承台、桩系梁、支撑梁等）	kg	1. 依据图纸所示及钢筋表所列钢筋质量以千克为单位计量； 2. 固定钢筋的材料、定位架立钢筋、钢筋接头、吊装钢筋、钢板、铁丝作为钢筋作业的附属工作，不另行计量	1. 钢筋的运输、保护、储存及除锈； 2. 钢筋整直、接头； 3. 钢筋截断、弯曲； 4. 钢筋安设、支承及固定
402	下部结构（包含桥台、桥墩、盖梁、台帽等）			
402-1	下部混凝土	m³	1. 依据图纸所示体积分不同强度等级以立方米为单位计量； 2. 直径小于200mm的管子、钢筋、锚固件、管道、泄水孔或桩所占混凝土体积不予扣除	1. 场地清理； 2. 搭拆作业平台、支架； 3. 安拆模板，安设预埋件（包括支座预埋件、防震锚栓及套筒等）； 4. 混凝土配运料、拌和、运输、浇筑、振捣、养护； 5. 施工缝、沉降缝设置处理； 6. 防水、防冻、防腐措施
402-2	浆砌片（块）石	m³	依据图纸所示位置及尺寸砌筑体积分不同砂浆强度等级以立方米为单位计量	1. 基础清理； 2. 基底检查； 3. 选修石料； 4. 铺筑垫层； 5. 搭、拆脚手架； 6. 配、拌、运砂浆； 7. 砌筑、勾缝、抹面、养护； 8. 沉降缝设置

续上表

子目号	子目名称	单位	工程量计量	工程内容
402-3	钢筋	kg	1.依据图纸所示及钢筋表所列钢筋质量以千克为单位计量； 2.固定钢筋的材料、定位架立钢筋、钢筋接头、吊装钢筋、钢板、铁丝作为钢筋作业的附属工作，不另行计量	1.钢筋的运输、保护、储存及除锈； 2.钢筋整直、接头； 3.钢筋截断、弯曲； 4.钢筋安设、支承及固定
403	上部结构			
403-1	现浇混凝土上部结构	m³	1.依据图纸所示体积分不同强度等级以立方米为单位计量； 2.直径小于200mm的管子、钢筋、锚固件、管道、泄水孔或桩所占混凝土体积不予扣除	1.平整场地； 2.搭拆工作平台； 3.支架搭设、预压与拆除； 4.安拆模板，安设预埋件； 5.混凝土配运料、拌和、运输、浇筑、养护； 6.施工缝、伸缩缝设置处理
403-2	预制混凝土上部结构	m³	1.依据图纸所示体积分不同强度等级以立方米为单位计量； 2.直径小于200mm的管子、钢筋、锚固件、管道、泄水孔或桩所占混凝土体积不予扣除	1.搭拆工作平台； 2.安拆模板，安设预埋件(吊环、预埋连接件)； 3.混凝土配运料、拌和、运输、浇筑、养护； 4.构件预制、运输、安装
403-3	钢筋	kg	1.依据图纸所示及钢筋表所列钢筋质量以千克为单位计量； 2.固定钢筋的材料、定位架立钢筋、钢筋接头、吊装钢筋、钢板、铁丝作为钢筋作业的附属工作，不另行计量	1.钢筋的运输、保护、储存及除锈； 2.钢筋整直、接头； 3.钢筋截断、弯曲； 4.钢筋安设、支承及固定
403-4	现浇预应力混凝土上部结构	m³	1.依据图纸所示体积分不同强度等级以立方米为单位计量； 2.钢筋、钢材所占体积及单个面积在0.03m²以内的孔洞不予扣除	1.平整场地； 2.搭拆工作平台，支架搭设、预压与拆除； 3.安、拆模板； 4.混凝土配运料、拌和、运输、浇筑、养护； 5.施工缝、伸缩缝设置处理

续上表

子目号	子目名称	单位	工程量计量	工程内容
403-5	预制预应力混凝土上部结构	m³	1. 依据图纸所示体积分不同强度等级以立方米为单位计量； 2. 钢筋、钢材所占体积及单个面积在0.03m²以内的孔洞不予扣除； 3. 后张法预应力混凝土梁封端混凝土工程量列入本子目	1. 平整场地； 2. 搭拆工作平台； 3. 安、拆模板； 4. 混凝土配运料、拌和、运输、浇筑、养护； 5. 预制件运输、安装
403-6	先张法预应力钢绞线	kg	1. 依据图纸所示构件长度计算的预应力钢材质量，分不同材质以千克为单位计量； 2. 除上述计算长度以外的锚固长度及工作长度的预应力钢材含入相应预应力钢材报价之中，不另行计量	1. 制作安装预应力钢材； 2. 制作安装管道； 3. 安装锚具、锚板； 4. 张拉； 5. 放张； 6. 封锚头
403-7	先张法预应力钢筋			
403-8	后张法预应力钢绞线	kg	1. 按图示两端锚具间的理论长度计算的预应力钢材质量，分不同材质以千克为单位计量； 2. 除上述计算长度以外的锚固长度及工作长度的预应力钢材含入相应预应力钢材报价之中，不另行计量	1. 制作安装预应力钢材； 2. 制作安装管道； 3. 安装锚具、锚板； 4. 张拉； 5. 压浆； 6. 封锚头
403-9	后张法预应力钢筋			
404	附属结构			
404-1	现浇混凝土附属结构	m³	1. 依据图纸所示体积分不同强度等级以立方米为单位计量； 2. 直径小于200mm的管子、钢筋、锚固件、管道、泄水孔或桩所占混凝土体积不予扣除； 3. 现浇缘石、人行道、防撞墙、栏杆、护栏、桥头搭板、枕梁、抗震挡块、支座垫石、踏步等列入本子目	1. 工作面清理； 2. 搭拆作业平台； 3. 安拆支架、模板； 4. 混凝土配运料、拌和、运输、浇筑、养护
404-2	预制混凝土附属结构	m³	1. 依据图纸所示体积分不同强度等级以立方米为单位计量； 2. 直径小于200mm的管子、钢筋、锚固件、管道、泄水孔或桩所占混凝土体积不予扣除； 3. 现浇缘石、人行道、防撞墙、栏杆、护栏、桥头搭板、枕梁、抗震挡块、支座垫石、踏步等列入本子目	1. 工作面清理； 2. 搭拆作业平台； 3. 安拆支架、模板； 4. 混凝土配运料、拌和、运输、浇筑、养护

续上表

子目号	子目名称	单位	工程量计量	工程内容
404-3	钢筋	kg	1. 依据图纸所示及钢筋表所列钢筋质量以千克为单位计量； 2. 固定钢筋的材料、定位架立钢筋、钢筋接头、吊装钢筋、钢板、铁丝作为钢筋作业的附属工作，不另行计量； 3. 钢管作为附属工作，不另行计量	1. 钢筋的运输、保护、储存及除锈； 2. 钢筋整直、接头； 3. 钢筋截断、弯曲； 4. 钢筋安设、支承及固定
405	桥面铺装			
405-1	沥青混凝土桥面铺装（厚…mm）	m²	1. 按图纸所示的位置、尺寸，分别按不同材料类型，按铺筑厚度以平方米计量； 2. 防水层、桥面排水管作为桥面铺装的附属工作，不另行计量； 3. 由于施工原因而超铺的不予计量	1. 清理下承层； 2. 拌和设备安装、调试、拆除； 3. 沥青混合料拌和、运输、摊铺、压实、成型； 4. 接缝； 5. 初期养护
405-2	水泥混凝土桥面铺装（C…）	m³	1. 依据图纸所示位置、尺寸，分不同混凝土强度等级，按铺筑厚度以平方米为单位计量； 2. 防水层、桥面排水管作为桥面铺装的附属工作，不另行计量； 3. 由于施工原因而超铺的不予计量	1. 场地清理； 2. 混凝土配运料、拌和、运输、浇筑、振捣、养护； 3. 施工缝、沉降缝设置处理
406	桥梁支座	个	依据图纸所示位置及尺寸，安装图纸所示类型及规格支座就位，按图示数量分不同型号、支座反力以个为单位计量	1. 清洁整平混凝土表面； 2. 砂浆配运料、拌和，接触面抹平； 3. 钢板制作与安装； 4. 吊装设备安拆； 5. 支座定位安装； 6. 支座焊接固定
407	桥梁伸缩装置	m	依据图纸所示位置及尺寸，安装图示类型和规格的伸缩装置，按图示长度（包括人行道、缘石、护栏底座与行车道等全部长度），分不同伸缩量以米为单位计量	1. 切割清理伸缩装置范围内混凝土，设置预埋件； 2. 伸缩装置定位、安装； 3. 混凝土拌和、运输、浇筑、压纹、养护

第八章 工程量清单计量规则

第500章 排水与涵洞

子目号	子目名称	单位	工程量计量	工程内容
501-1	边沟、排水沟、截水沟			
-a	浆砌片(卵)石	m³	依据图纸所示位置及断面尺寸,按浆砌片(卵)石的体积以立方米为单位计量	1. 场地清理; 2. 地基平整夯实,断面补挖; 3. 铺设垫层; 4. 砂浆拌制; 5. 浆砌片石、勾缝、抹面、养护; 6. 回填
-b	现浇混凝土	m³	依据图纸所示位置及断面尺寸,按照不同强度等级混凝土浇筑的边沟的体积以立方米为单位计量	1. 场地清理; 2. 地基平整夯实,断面补挖; 3. 铺设垫层; 4. 模板制作、安装、拆除; 5. 钢筋制作与安装; 6. 混凝土拌和、运输、浇筑、养护; 7. 回填
-c	预制混凝土	m³	依据图纸所示位置及断面尺寸,按照不同强度等级混凝土预制的边沟的体积以立方米为单位计量	1. 场地清理; 2. 地基平整夯实,断面补挖; 3. 铺设垫层; 4. 模板制作、安装、拆除; 5. 预制件预制、运输、装卸; 6. 预制件安装; 7. 回填
502-1	埋设排水管	m	依据图纸所示位置,按不同材质、不同孔径的排水管长度计算,以米为单位计量	1. 挖基、基坑排水、基底清理; 2. 垫层材料铺筑; 3. 基座砌筑或浇筑; 4. 排水管制作或购买、运输、保存; 5. 排水管安装、接缝处理; 6. 防水、防冻、防腐等处理; 7. 分层回填、压实; 8. 现场清理、废方弃运

续上表

子目号	子目名称	单位	工程量计量	工程内容
503-1	过水路面			
-a	浆砌片(卵)石	m^3	依据图纸所示位置及断面尺寸,按浆砌片(卵)石的体积以立方米为单位计量	1. 场地清理、开挖基坑; 2. 地基平整夯实; 3. 铺设垫层; 4. 砂浆拌制; 5. 浆砌片(卵)石、勾缝、抹面、养护; 6. 清理现场、废方弃运
-b	混凝土	m^3	依据图纸所示位置及断面尺寸,按混凝土不同强度等级的铺筑体积以立方米为单位计量	1. 检查和清理下承层、洒水湿润; 2. 模板制作、架设、安装、拆除; 3. 混凝土拌和、运输、浇筑、振捣、抹平、养护; 4. 切缝、灌缝处理; 5. 初期养护; 6. 清理现场
504-1	钢筋混凝土圆管涵			
-a	…m 单孔钢筋混凝土圆管涵	m	依据图纸所示,按不同孔径的涵身长度(进出口端墙外侧间距离)计算,以米为单位计量	1. 挖基、基坑排水、基底清理、地基处理; 2. 基座砌筑或浇筑; 3. 垫层材料铺筑; 4. 钢筋制作安装; 5. 预制或现浇钢筋混凝土管; 6. 铺涂防水层; 7. 安装、接缝; 8. 砌筑进出口(端墙、翼墙、八字墙井口); 9. 防水、防冻、防腐措施; 10. 回填
-b	…m 双孔钢筋混凝土圆管涵	m		
505-1	倒虹吸(不分孔径)	m	依据图纸所示,不分孔径按涵身长度(进出口端墙外侧间距离)计算,以米为单位计量	1. 挖基、基坑排水、基底清理; 2. 基座砌筑或浇筑; 3. 垫层材料铺筑; 4. 钢筋制作安装; 5. 预制或现浇钢筋混凝土管; 6. 铺涂防水层; 7. 安装、接缝; 8. 砌筑进出口(端墙、翼墙、八字墙井口); 9. 防水、防冻、防腐措施; 10. 回填

续上表

子目号	子目名称	单位	工程量计量	工程内容
506-1	钢筋混凝土盖板涵			
-a	1-···m×···m 钢筋混凝土盖板涵	m	依据图纸所示,按不同跨径的盖板涵长度以米为单位计量	1. 场地清理; 2. 围堰、排水,基坑开挖,基坑支护; 3. 基础、地基处理,涵台施工; 4. 施工缝设置、处理; 5. 盖板预制、运输、安装; 6. 砂浆制作、填缝; 7. 防水、防冻、防腐措施; 8. 回填
-b	2-···m×···m 钢筋混凝土盖板涵	m		
507-1	钢筋混凝土箱涵			
-a	1-···m×···m 钢筋混凝土箱涵	m	依据图纸所示,按不同跨径的箱涵长度以米为单位计量	1. 围堰、排水,基坑开挖; 2. 垫层、基础施工; 3. 搭拆作业平台; 4. 模板安设、加固、检查; 5. 钢筋安设、支承及固定; 6. 混凝土配运料、拌和、运输、浇筑、养护; 7. 施工缝设置、处理; 8. 防水、防冻、防腐措施; 9. 回填
-b	2-···m×···m 钢筋混凝土箱涵	m		
508-1	拱涵	m	依据图纸所示,按不同跨径的混凝土拱涵长度以米为单位计量	1. 场地清理; 2. 围堰、排水,基坑开挖,基坑支护; 3. 基础及涵台施工; 4. 搭拆作业平台; 5. 安拆支架、拱盔; 6. 配、拌、运混凝土,浇筑、养护; 7. 防水、防冻、防腐措施

第600章 防 护

子目号	子目名称	单位	工程量计量	工程内容
601-1	喷锚护面			
-a	挂网喷锚	m^2	依据图纸所示位置及混凝土或砂浆强度等级,按照不同厚度喷射混凝土或砂浆防护面积以平方米为单位计量	1.坡面清理、修整; 2.钻孔,制作、安放、固定锚杆; 3.挂网、支承及固定; 4.混凝土或砂浆拌制; 5.喷射; 6.沉降缝设置; 7.设备安装与拆除; 8.养护; 9.现场清理
-b	素喷(不挂网)	m^2	依据图纸所示位置及混凝土或砂浆强度等级,按照不同厚度喷射混凝土或砂浆防护面积以平方米为单位计量	1.坡面清理、修整; 2.混凝土或水泥砂浆拌制; 3.喷射; 4.沉降缝设置; 5.设备安装与拆除; 6.养护; 7.现场清理
602-1	护坡			
-a	混凝土护坡			
-a-1	现浇混凝土护坡	m^3	依据图纸所示位置及断面尺寸,按照不同强度等级混凝土浇筑的实体体积以立方米为单位计量	1.清理边坡,坡面夯实,基坑开挖; 2.铺筑砂砾垫层; 3.模板制作、安装、拆除; 4.混凝土拌和、运输、浇筑、养护; 5.勾缝、填缝、沉降缝、泄水管; 6.回填; 7.清理现场
-a-2	混凝土预制件护坡	m^3	依据图纸所示位置和构造尺寸,按照不同强度等级混凝土预制件铺砌坡面的实体体积以立方米为单位计量	1.清理边坡,坡面夯实,基坑开挖; 2.铺筑砂砾垫层; 3.预制场建设; 4.预制件预制、运输、装卸; 5.预制件安装; 6.勾缝、填缝、沉降缝、泄水管; 7.回填; 8.清理现场

续上表

子目号	子目名称	单位	工程量计量	工程内容
-b	浆砌片(卵)石护坡	m³	依据图纸所示位置和铺砌厚度、水泥砂浆强度,按照铺砌体积以立方米为单位计量	1. 清理边坡,坡面夯实,基础开挖; 2. 铺筑砂砾垫层; 3. 浆砌片石; 4. 勾缝、抹面、泄水管、养护; 5. 回填; 6. 清理现场
603-1	挡土墙			
-a	砌片(块、卵)石	m³	1. 依据图纸所示位置和断面尺寸,按图示不同强度等级水泥砂浆砌石体积以立方米为单位计量; 2. 不扣除沉降缝、泄水孔、预埋件所占体积	1. 基坑开挖、清理、平整、夯实; 2. 临时排水、铺筑垫层; 3. 浆砌片(块)石,设泄水孔及其滤水层; 4. 接缝处理; 5. 勾缝、抹面、墙背排水设施设置、墙背填料分层填筑; 6. 清理场地、废方弃运
-b	混凝土挡土墙	m³	1. 依据图纸所示位置和断面尺寸,按图示不同强度等级混凝土体积以立方米为单位计量; 2. 不扣除沉降缝、泄水孔、预埋件所占体积	1. 基坑开挖、清理、平整、夯实; 2. 临时排水、铺筑垫层; 3. 钢筋的运输、保护、存储、加工及安设、支承、固定; 4. 模板制作、安装、拆除; 5. 混凝土拌和、运输、浇筑、养护; 6. 泄水孔及其滤水层、沉降缝设置; 7. 墙背填料分层填筑; 8. 清理场地、废方弃运
-c	加筋土挡土墙			
-c-1	基础及帽石	m³	根据图纸所示位置和断面尺寸,按图示不同强度等级水泥砂浆砌体或混凝土体积以立方米为单位计量	1. 基坑开挖、清理、平整、夯实,废方弃运; 2. 混凝土或砂浆制作、运输; 3. 模板制作、安装、拆除; 4. 砌筑片石或振捣浇筑混凝土; 5. 养护; 6. 回填、夯实; 7. 清理现场、废方弃运

续上表

子目号	子目名称	单位	工程量计量	工程内容
-c-2	预制安装混凝土墙面板	m³	1. 根据图纸所示位置及断面尺寸,按照不同强度等级混凝土体积以立方米为单位计量; 2. 加筋挡土墙的路堤填料在204-1中计量; 3. 钢筋、加筋带等不单独计量	1. 沟槽开挖; 2. 预制场建设; 3. 预制件预制、运输、装卸; 4. 预制件安装; 5. 钢筋的运输、保护、存储、加工及安设、支承、固定; 6. 铺设加筋带、填料摊平及分层压实; 7. 墙背回填(不含路堤填料回填)及排水系统施工; 8. 清理现场、废方弃运
604-1	河道防护			
-a	河床铺砌			
-a-1	浆砌片石铺砌	m³	依据图纸所示位置和断面尺寸,按图示不同强度等级水泥砂浆铺砌体积以立方米为单位计量	1. 临时排水; 2. 基坑开挖; 3. 拌、运砂浆; 4. 砌筑; 5. 养护; 6. 清理现场
-a-2	混凝土铺砌	m³	依据图纸所示位置及断面尺寸,按照不同强度等级混凝土铺筑体积以立方米为单位计量	1. 临时排水; 2. 基坑开挖; 3. 模板制作、安装、拆除; 4. 混凝土拌和、运输、浇筑、养护; 5. 清理现场
-b	导流设施(护岸墙、顺坝、丁坝、调水坝、锥坡)			
-b-1	浆砌片石	m³	图纸所示位置和断面尺寸,按图示不同强度等级水泥砂浆砌石体积以立方米为单位计量	1. 围堰、临时排水工程施工; 2. 基坑修整、清理夯实,废方弃运; 3. 拌、运砂浆; 4. 砌筑、勾缝、抹面、养护; 5. 墙背回填、夯实

续上表

子目号	子目名称	单位	工程量计量	工程内容
-b-2	混凝土	m³	依据图纸所示位置及断面尺寸,按照不同强度等级混凝土浇筑体积以立方米为单位计量	1. 围堰、临时排水工程施工; 2. 基坑修整、清理夯实,废方弃运; 3. 模板制作、安装、拆除、修理及保养; 4. 混凝土制作、运输、浇筑、振捣、养护; 5. 墙背回填、夯实
605-1	防风固沙设施			
-a	芦苇栅栏	m	依据图纸所示位置及尺寸,设置芦苇栅栏,按单排长度以米为单位计量	1. 放样、挖沟槽、准备芦苇; 2. 设置木桩; 3. 埋设芦苇; 4. 夯实、整平、固定; 5. 清理现场
-b	芦苇草方格	m²	依据图纸所示位置及尺寸,设置芦苇草方格,以平方米为单位计量	1. 放样、挖沟槽、准备芦苇; 2. 埋设芦苇; 3. 整型、封砂、夯实; 4. 清理现场
-c	边坡覆盖	m²	根据图纸所示位置及断面尺寸,按照边坡覆盖的面积以平方米为单位计量	1. 修整路基表层; 2. 覆盖砂砾、片石等并进行整型; 3. 清理现场

第700章 安全设施

子目号	子目名称	单位	工程量计量	工 程 内 容
701-1	钢筋混凝土柱式护栏	根	按图示预制并依据图纸所示位置施工,以根为单位计量	1. 钢筋的运输、存储、加工、安设; 2. 钢筋混凝土护栏的预制、运输; 3. 基槽开挖; 4. 钢筋混凝土护栏安装; 5. 基坑回填,夯实; 6. 清理场地,弃方处理; 7. 油漆保护处理
702-1	墙式护栏	m³	依据图纸所示位置和断面尺寸,按图示浇筑的不同强度的混凝土体积以立方米为单位计量	1. 基槽开挖、基底清理; 2. 铺筑碎(砾)石垫层; 3. 模板架立,钢筋的运输、存储、加工、安设; 4. 混凝土浇筑、养护; 5. 灌缝处理,勾缝抹面; 6. 基坑回填,夯实; 7. 清理场地,弃方处理; 8. 油漆保护处理
703-1	钢筋混凝土标志牌	个	依据图纸所示位置和断面尺寸,分不同规格的标志板面,按安装就位的标志数量以个为单位计量	1. 钢筋的运输、存储、加工、安设; 2. 钢筋混凝土立柱、板面的预制、运输; 3. 基槽开挖; 4. 钢筋混凝土立柱、板面安装; 5. 基坑回填,夯实; 6. 清理场地,弃方处理; 7. 标志板面涂漆、印字处理
704-1	钢板标志牌			
-a	单柱式	个	依据图纸所示位置和断面尺寸,分不同规格的标志板面,按安装就位的标志数量以个为单位计量	1. 基槽开挖; 2. 基础施工(钢筋与预埋件安装、混凝土浇筑等); 3. 立柱、标志板及各种匹配件制作与安装; 4. 清理,弃方处理

续上表

子目号	子目名称	单位	工程量计量	工程内容
-b	双柱式	个	依据图纸所示位置和断面尺寸,分不同规格的标志板面,按安装就位的标志数量以个为单位计量	1. 基槽开挖; 2. 基础施工(钢筋与预埋件安装、混凝土浇筑等); 3. 立柱、标志板及各种匹配件制作与安装; 4. 清理,弃方处理
-c	门架式	个	依据图纸所示位置和断面尺寸,分不同规格的标志板面,按安装就位的标志数量以个为单位计量	1. 基槽开挖; 2. 基础施工(钢筋与预埋件安装、混凝土浇筑等); 3. 门架构件、标志板及各种匹配件制作与安装; 4. 清理,弃方处理
705-1	铝合金标志牌			
-a	单柱式	个	依据图纸所示位置和断面尺寸,分不同规格的标志板面,按安装就位的标志数量以个为单位计量	1. 基槽开挖; 2. 基础施工(钢筋与预埋件安装、混凝土浇筑等); 3. 立柱、标志板及各种匹配件制作与安装; 4. 清理,弃方处理
-b	双柱式	个	依据图纸所示位置和断面尺寸,分不同规格的标志板面,按安装就位的标志数量以个为单位计量	1. 基槽开挖; 2. 基础施工(钢筋与预埋件安装、混凝土浇筑等); 3. 立柱、标志板及各种匹配件制作与安装; 4. 清理,弃方处理
-c	门架式	个	依据图纸所示位置和断面尺寸,分不同规格的标志板面,按安装就位的标志数量以个为单位计量	1. 基槽开挖; 2. 基础施工(钢筋与预埋件安装、混凝土浇筑等); 3. 门架构件、标志板及各种匹配件制作与安装; 4. 清理,弃方处理
706-1	路面标线	m²	依据图纸所示位置和断面尺寸,分不同类型,按图示标线面积以平方米为单位计量	1. 路面清扫; 2. 刮涂底油,涂料加热溶解,喷(刮)标线,撒布玻璃珠(反光标线),初期养护
707-1	里程碑	个	依据图纸所示位置和断面尺寸,按图示里程碑数量以个为单位计量	1. 基础施工或设置连接件; 2. 里程碑制作与安装

续上表

子目号	子目名称	单位	工程量计量	工程内容
708-1	公路界碑	个	依据图纸所示位置和断面尺寸,按图示公路界碑数量以个为单位计量	1.界碑制作; 2.基槽开挖、基槽混凝土浇筑、界碑埋设; 3.基坑回填、夯实; 4.清理,弃方处理
709-1	百米桩	个	依据图纸所示位置和断面尺寸,分不同类型,按图示百米桩数量以个为单位计量	百米桩制作、运输、安装

第九章　投标文件格式

新疆维吾尔自治区

_____（项目名称）_____标段施工招标

投 标 文 件

(商务及技术文件)

投标人：_____（盖单位章）

_____年____月____日

目 录

一、投标函及投标函附录

二、授权委托书或法定代表人身份证明

三、投标保证金

四、施工组织设计

五、项目管理机构

六、拟分包项目情况表

七、资格审查资料

八、其他资料

第九章 投标文件格式

一、投标函及投标函附录

(一) 投 标 函

_____(招标人名称):

1. 我方已仔细研究_____(项目名称)_____标段施工招标文件的全部内容(含补遗书第____号至第____号),在考察工程现场后,愿意以第二个信封(报价文件)中的投标总报价,按合同约定实施和完成承包工程,修补工程中的任何缺陷。

2. 我方承诺在招标文件规定的投标有效期内不撤销投标文件。

3. 工程质量:_____,安全目标:_____,工期:____日历天。

4. 如我方中标,我方承诺:

(1)在收到中标通知书后,在中标通知书规定的期限内与你方签订合同;

(2)在签订合同时不向你方提出附加条件;

(3)按照招标文件要求提交履约保证金;

(4)在合同约定的期限内完成合同规定的全部义务;

(5)在你方和我方进行合同谈判之前,我方将按照合同附件提出的最低要求填报派驻本标段的其他管理和技术人员及主要机械设备和试验检测设备,经你方审批后作为派驻本标段的项目管理机构主要人员和主要设备且不进行更换。如我方拟派驻的人员和设备不满足合同附件要求,你方有权取消我方中标资格。

5. 我方在此声明,所递交的投标文件及有关资料内容完整、真实和准确,且不存在招标文件第二章"投标人须知"第1.4.2项和第1.4.3项规定的任何一种情形。

6. 在合同协议书正式签署生效之前,本投标函连同你方的中标通知书将构成我们双方之间共同遵守的文件,对双方具有约束力。

7. _____(其他补充说明)。

投 标 人:_____(盖单位章)[①]
法定代表人或其委托代理人:_____(签字)
地　　址:_____
网　　址:_____
电　　话:_____
传　　真:_____
邮政编码:_____
____年____月____日

[①] 投标人仅须在投标函上加盖单位章,或由法定代表人或其委托代理人签字。

(二) 投标函附录

序号	条 款 名 称	合同条目号	约 定 内 容	备注
1	缺陷责任期	21.1	自实际交工日期起计算____年①	
2	逾期交工违约金	8.4	____%签约合同价/天	
3	逾期交工违约金限额	8.4	____%签约合同价②	
4	开工预付款金额	5.6	____%签约合同价③	
5	材料预付款比例	17.5	沥青、水泥、钢筋等主要材料单据所列费用的____%④	
6	逾期付款违约金的利率	18.3	全国银行间同业拆借中心公布的1年期贷款市场报价利率	
7	质量保证金金额	18.7	____%⑤合同价格,若交工验收时承包人具备新疆维吾尔自治区交通运输厅农村公路建设从业单位信用信息评价体系评定的最高信用等级,发包人可以给予____%合同价格质量保证金的优惠⑥	
8	保修期	21.5	自实际交工日期起计算____年⑦	

---

① 缺陷责任期一般为1年,最长不超过2年。
② 逾期交工违约金一般不宜超过签约合同价的10%。
③ 开工预付款一般不宜超过签约合同价的10%。
④ 材料预付款比例不宜超过70%。
⑤ 质量保证金的预留比例不得高于工程价款结算总额的3%。
⑥ 在新疆维吾尔自治区交通运输厅农村公路建设从业单位信用评价体系建立之前,招标项目所在地地州市交通运输主管部门有信用评价结果的,可根据情况采用;发包人可以根据新疆维吾尔自治区交通运输厅的相关规定,对新疆维吾尔自治区交通运输厅农村公路建设从业单位信用评价体系中信用等级高的承包人,给予减少质量保证金金额的优惠。
⑦ 农村公路建设项目的保修期一般不超过3年。

二、授权委托书或法定代表人身份证明

(一) 授权委托书[①]

本人_____(姓名)系_____(投标人名称)的法定代表人,现委托_____(姓名)为我方代理人。代理人根据授权,以我方名义签署、澄清确认、递交、撤回、修改_____(项目名称)_____标段施工投标文件、签订合同和处理有关事宜,其法律后果由我方承担。

委托期限:自本委托书签署之日起至投标有效期期满。

代理人无转委托权。

附:法定代表人身份证复印件及委托代理人身份证复印件。

投 标 人:_____(盖单位章)
法定代表人:_____(签字)
身份证号码:_____
委托代理人:_____(签字)
身份证号码:_____

____年___月___日

注:法定代表人和委托代理人必须在授权委托书上亲笔签名,不得使用印章、签名章或其他电子制版签名代替。

[①] 如果由投标人的法定代表人签署投标文件,则无须提交授权委托书。

(二) 法定代表人身份证明

投标人名称：_____

姓名：__(法定代表人亲笔签字)__ 性别：_____ 年龄：_____ 职务：_____ 系 _____（投标人名称）的法定代表人。

特此证明。

附：法定代表人身份证复印件。

投标人：_____（盖单位章）

_____年____月____日

注：法定代表人的签字必须是亲笔签名，不得使用印章、签名章或其他电子制版签名代替。

三、投标保证金

若采用现金或支票，投标人应在此提供汇款凭证的复印件。
如采用银行保函，银行保函复印件装订在投标文件中，格式如下。

_____（招标人名称）：

鉴于_____（投标人名称）（以下称"投标人"）于_____年___月___日参加_____（项目名称）_____标段施工的投标，_____（担保人名称，以下简称"我方"）无条件地、不可撤销地保证：若投标人在投标有效期内撤销投标文件，中标后无正当理由不与招标人订立合同，在签订合同时向招标人提出附加条件，不按照招标文件要求提交履约保证金，或发生招标文件明确规定可以不予退还投标保证金的其他情形，我方承担保证责任。收到你方书面通知后，我方在7日内向你方无条件支付人民币（大写）_____元。

本保函在投标有效期或经延长的投标有效期内保持有效。要求我方承担保证责任的通知应在上述期限内送达我方。你方延长投标有效期的决定，应通知我方。

担保人名称：_____（盖单位章）
法定代表人或其委托代理人：_____（签字）
地　　址：_____
邮政编码：_____
电　　话：_____
传　　真：_____

_____年___月___日

四、施工组织设计

（适用于合理低价法和经评审的最低投标价法）

投标人应按以下要点编制施工组织设计（文字宜精炼、内容具有针对性）：

1. 总体施工组织布置及规划
2. 重点、关键和难点工程的施工方案
3. 工期关键线路图及保证措施
4. 关键工程质量保证措施
5. 安全保证措施
6. 环境保护、水土保持、文明施工、文物保护保证措施
7. 项目风险预测与防范，事故应急预案
8. 其他应说明的事项

四、施工组织设计

（适用于技术评分最低标价法）

1. 投标人应按以下要点编制施工组织设计（文字宜精炼、内容具有针对性）：

（1）总体施工组织布置及规划

（2）主要工程项目的施工方案、方法与技术措施（尤其对重点、关键和难点工程的施工方案、方法及措施）

（3）工期保证体系及保证措施

（4）工程质量管理体系及保证措施

（5）安全生产管理体系及保证措施

（6）环境保护、水土保持保证体系及保证措施

（7）文明施工、文物保护保证体系及保证措施

（8）项目风险预测与防范，事故应急预案

（9）其他应说明的事项

2. 施工组织设计除采用文字表述外可附下列图表，图表及格式要求附后。

附表一　施工总体计划表

附表二　施工总平面图

附表一 施工总体计划表

年度 主要工程项目	年 月份												年												年				
	1	2	3	4	5	6	7	8	9	10	11	12	1	2	3	4	5	6	7	8	9	10	11	12	1	2	3	4	…
1. 施工准备																													
2. 路基处理																													
3. 路基填筑																													
4. 涵洞																													
5. 通道																													
6. 防护及排水																													
7. 路面基层																													
（1）底基层																													
（2）基层																													
8. 路面铺筑																													
9. 路面标志标线																													
10. 桥梁工程																													
（1）基础工程																													
（2）墩台工程																													
（3）梁体工程																													
（4）梁体安装																													
（5）桥面铺装及人行道																													
11. 其他																													

附表二　施工总平面图

投标人应递交一份施工总平面图,绘出现场临时设施布置图表并附文字说明,说明施工营地、料场、临时设施、加工车间、现场办公、设备及仓储、供电、供水、卫生、生活、道路、消防等设施的情况和布置。

五、项目管理机构

拟为承包本标段工程设立的组织机构以框图方式表示。

说明

六、拟分包项目情况表

拟分包的工程项目	主要工程内容	预计造价(万元)	备 注
			注:若无分包计划,则投标人应在本表填写"无"
拟分包工程造价合计(万元)			

七、资格审查资料

（一）投标人基本情况表

投标人名称						
注册地址				邮政编码		
联系方式	联系人			电　话		
	传　真			电子邮件		
法定代表人	姓名		技术职称		电话	
技术负责人	姓名		技术职称		电话	
营业执照号				员工总人数：		
企业资质等级			其中	项目经理		
注册资本				高级职称人员		
成立日期				中级职称人员		
基本账户开户银行				初级职称人员		
基本账户银行账号				技工		
经营范围						
投标人关联企业情况	投标人应提供关联企业情况，包括： (1)投标人的所有股东名称及相应股权(出资额)比例； (2)投标人投资(控股)或管理的下属企业名称、持有股权(出资额)比例； (3)与投标人单位负责人(即法定代表人)为同一人的其他单位名称					
备注						

注：投标人应根据招标文件第二章"投标人须知"第3.5.1项的要求在本表后附相关证明材料。

(二)投标人企业组织机构框图

以框图方式表示。
说明

（三）近年财务状况

财 务 状 况 表

项目或指标	单位	＿＿＿年	＿＿＿年	＿＿＿年
一、注册资本	万元			
二、净资产	万元			
三、总资产	万元			
四、固定资产	万元			
五、流动资产	万元			
六、流动负债	万元			
七、负债合计	万元			
八、营业收入	万元			
九、净利润	万元			
十、现金流量净额	万元			
十一、主要财务指标				
1.净资产收益率	%			
2.总资产报酬率	%			
3.主营业务利润率	%			
4.资产负债率	%			
5.流动比率	%			
6.速动比率	%			

注：1.投标人应根据招标文件第二章"投标人须知"第3.5.2项的要求在本表后附相关证明材料。

　　2.本表所列数据必须与本表各附件中的数据相一致。

银行信贷证明[①]

银行名称：_____

地　　址：_____

日期：_____

致：___（招标人全称）___

兹开具最高限额为人民币_____万元的银行信贷，供____（投标人注册地点）____（投标人名称）于____年___月___日之前，在_____（项目名称）___标段需要时使用。我行保证由_____（投标人名称）提供的财务报表中所开列的作为流动资产的各项中无一项包含在上述提到的银行信贷中。

此项目若未中标，该信贷证明自动失效，无须退回我行。

银　　行（盖单位章）：_____
银行主要负责人（签字）：_____
银行主要负责人姓名、职务：_____（打印）
银　行　电　话：_____
银　行　传　真：_____

注：1. 允许投标人实际开具的银行信贷证明的格式与上述格式有所不同，但不得更改上述银行信贷证明格式中的实质性内容。
　　2. 银行主要负责人应亲笔签名，不得使用印章、签名章或其他电子制版签名代替，否则，视为无效。

[①] 招标人要求投标人提供银行信贷证明是为了避免投标人中标后因流动资金不足而影响工程施工，如采用银行信贷证明，投标人应提供国有商业银行或股份制银行的支行及其以上级别的银行出具的银行信贷证明。

流动资金承诺函

致：___（招标人全称）___

  我谨代表__（投标人全称）__郑重承诺：若我单位有幸在_____（项目名称）____标段投标活动中中标，我单位保证提供人民币（大写）_____元（￥_____）的流动资金，于____年____月____日之前，供_____（项目名称）____标段与本单位为本工程提供的银行信贷证明（如果有）一起在施工需要时使用，并响应本项目施工招标文件相关合同条款的约定。以上用于本工程的流动资金不挪作他用。

  如我方违背了上述承诺，本项目招标人有权按合同条款的相关约定进行违约处理，并由招标人将我方的违约行为上报新疆维吾尔自治区交通运输厅，作为不良记录纳入公路建设市场信用信息管理系统，特此承诺。

投标人地址：_____   投标人：___（全称）（盖章）___
邮政编码：_____   法定代表人或其授权的代理人：
电　　话：_____   ___（职务、姓名）（签字）___
传　　真：_____

                    ____年____月____日

注：1. 投标人所提供的流动资金承诺函格式须与招标文件提供的格式一致，不得更改招标文件提供的流动资金承诺函格式。
  2. 投标人应根据招标文件第二章"投标人须知"第3.5.2项的要求出具。

(四)近年完成的类似项目情况表

序　　号	
项目名称	
项目所在地	
发包人名称	
发包人地址	
发包人电话	
合同价格	
开工日期	
交工日期	
承担的工作	
工程质量	
项目经理	
项目总工	
总监理工程师及电话	
项目描述	
备注	

注:1. 每张表格只填写一个项目,并标明序号。

2. 投标人应根据招标文件第二章"投标人须知"第 3.5.3 项的要求在本表后附相关证明材料。

3. 如近年来,投标人法人机构发生合法变更或重组或法人名称变更时,应提供相关部门的合法批件或其他相关证明材料来证明其所附业绩的继承性。

(五)投标人的信誉情况表

项　　目	投标人情况说明

注:1. 投标人应按照招标文件第二章"投标人须知"前附表附录4和"投标人须知"正文第1.4.3项规定,逐条说明其信誉情况。
　　2. 投标人应根据招标文件第二章"投标人须知"第3.5.4项的要求在本表后附相关证明材料。

投标无行贿犯罪记录承诺函

_____（招标人名称）：

我方参加了_____（项目名称）投标，我方承诺，我公司近三年内无行贿犯罪行为，法定代表人_____及拟委任的项目经理_____近三年内也无行贿犯罪行为。

如我方上述承诺不实，招标人可认为我方弄虚作假骗取中标，按照相关规定进行处理，并由招标人将我方的违约行为上报新疆维吾尔自治区交通运输厅，作为不良记录纳入公路建设市场信息管理系统。

投标人：_____（盖单位章）
法定代表人或其委托代理人：_____（签字）

_____年___月___日

(六) 拟委任的项目经理和项目总工资历表

姓　　名		年　　龄		专　　业	
技术职称		学　　历		拟在本标段工程任职	
工作年限				类似施工经验年限	
毕业学校	_____年____月毕业于_____学校_____专业,学制_____年				
经　　历					
时　　间	参加过的类似工程项目名称		担任职务		发包人及联系电话
获奖情况					
说明在岗情况	□目前未在其他项目上任职,现从事工作为:_____。 □目前虽在其他项目上任职,但本项目中标后能够从该项目撤离,目前任职项目:_____,担任职位:_____。				
备　　注					

注:1. 本表应填写项目经理和项目总工相关情况。
　　2. 投标人应根据招标文件第二章"投标人须知"第3.5.5项的要求在本表后附相关证明材料。

第九章 投标文件格式

主要人员撤离承诺函(如有)

_____（招标人名称）：

我方参加了_____（项目名称）_____标段（以下简称"本项目"）施工投标，我方在此承诺：

鉴于我方拟投入的_____（项目经理或项目总工姓名）目前仍在_____（项目名称）上任职，若我方中标，立即将_____（项目经理或项目总工姓名）从上述项目撤离，投入本项目。

如我方违背了上述承诺，招标人有权取消我方的中标资格，并由招标人将我方的违约行为上报新疆维吾尔自治区交通运输厅，作为不良记录纳入公路建设市场信用信息管理系统。

投标人：_____（盖单位章）
法定代表人或其委托代理人：_____（签字）

_____年___月___日

注：1. 如项目经理或项目总工目前仍在其他项目上任职，投标人应提供项目经理或项目总工能够从该项目撤离的承诺函。
2. 投标人所提供的承诺函格式和内容须与招标文件提供的格式和内容一致，不得更改招标文件提供的承诺函格式和内容，否则其投标将被否决。

八、其他资料

新疆维吾尔自治区

_____(项目名称)_____标段施工招标

投 标 文 件

(报价文件)

投标人：_____(盖单位章)

____年____月____日

目　　录

一、投标函

二、已标价的工程量清单

三、合同用款估算表

第九章 投标文件格式

一、投 标 函

_____（招标人名称）：

  1. 我方已仔细研究_____（项目名称）____标段施工招标文件的全部内容（含补遗书第____号至第____号），在考察工程现场后，愿意以人民币（大写）_____元(￥_____)的投标总报价(其中，增值税税率按国家规定的相关税率执行)，按合同约定实施和完成承包工程，修补工程中的任何缺陷。

  2. 在合同协议书正式签署生效之前，本投标函连同你方的中标通知书将构成我们双方之间共同遵守的文件，对双方具有约束力。

  3. _____（其他补充说明）。

投 标 人：_____（盖单位章）[①]
法定代表人或其委托代理人：_____（签字）
地　　址：_____
网　　址：_____
电　　话：_____
传　　真：_____
邮政编码：_____

_____年___月___日

[①] 投标人仅须在投标函上加盖单位章，或由法定代表人或其委托代理人签字。

二、已标价的工程量清单

按照招标人提供的工程量固化清单填入单价。

三、合同用款估算表

从开工月算起的时间（月）	投标人的估算			
	分 期		累 计	
	金额(元)	(%)	金额(元)	(%)
第一次开工预付款				
1~3				
4~6				
7~9				
10~12				
13~15				
……				
……				
缺陷责任期				
小　　计		100.00		

投标价：

说明	

注：1. 投标人可按工程进度估算并填写本表。
　　2. 用款额按所报单价和总额价估算，不包括价格调整和暂列金额、暂估价，但应考虑开工预付款的扣回以及签发付款证书后到实际支付的时间间隔。

附件 1

新疆维吾尔自治区农村公路

_____地区(市、州)_____县(市)

_____公路工程施工招标

评 标 报 告

招标号：

_____公路工程施工招标评标委员会

_____年___月___日

目　　录

一、项目概述
　　1. 项目的资金来源及批准情况
　　2. 项目概况与招标范围
二、招标工作回顾
　　简述招标公告发布媒介、招标文件发售情况以及补遗书发出情况等。
三、开标、评标工作
　　1. 评标工作组织情况
　　2. 评标采用的标准、办法及依据
　　3. 开标、评标工作程序
　　4. 第一个信封开标、评标工作
　　5. 第二个信封开标、评标工作
四、评审结果汇总
五、澄清和说明事项纪要
六、串通投标情形的评审情况说明
七、推荐中标候选人
八、需要说明的其他事项
九、附件（见后附表）

注：本评标报告是根据双信封形式的合理低价法编制而成，当使用其他评标办法时，可参照使用。

附件1 评标报告

评标委员会及监督人员名单

项目名称：

	姓　　名	工 作 单 位	职称(职务)	签　　名
主任委员				
委员				
纪检监察				
行政监督				

投标文件递交登记表

项目名称：
标　段：

序号	编号	单位名称	密封状况	联系电话	邮箱	递交人签名	投标保证金形式		递交时间	递交顺序
							现金	保函		

接收人：　　　　　　　　　　　　　　　　　　　　　　　　　　纪检监察：
招标人：　　　　　　　　　　　　　　　　　　　　　　　　　　行政监督：

附件1 评标报告

第一个信封(商务及技术文件)开标记录表

项目名称:
标　段:
开标时间:

序号	编号	投标人名称	工期	投标保证金是否已递交	投标文件的正、副本份数是否满足招标文件规定	备注	投标人代表签字

唱标人:
记录人:
招标人:

纪检监察:
行政监督:

表1 第一个信封(商务及技术文件)初步评审表
(形式评审与响应应性评审)

项目名称：
标　段：

序　号													
编　号													
审查内容(代码) ＼ 投标人名称													
形式与响应应性评审 A1													
形式与响应应性评审 A2													
形式与响应应性评审 A3													
形式与响应应性评审 A4													
形式与响应应性评审 A5													
形式与响应应性评审 A6													
形式与响应应性评审 A7													
形式与响应应性评审 A8													
形式与响应应性评审 A9													
形式与响应应性评审 A10													
形式与响应应性评审 A11													
形式与响应应性评审 A12													
形式与响应应性评审 A13													
结　论													

主任委员：　　　　　　　　　　　　　　　纪检监察：
委员：　　　　　　　　　　　　　　　　　行政监督：
　　　　　　　　　　　　　　　　　　　　日期：

附件1 评标报告

附件1-1

第一个信封初步评审（形式评审与响应性评审）因素代码表

项目名称：
标　段：

评审因素代码	审查内容（与评标办法2.1.1、2.1.3项对应）
形式评审与响应性评审 A1	
形式评审与响应性评审 A2	
形式评审与响应性评审 A3	
形式评审与响应性评审 A4	
形式评审与响应性评审 A5	
形式评审与响应性评审 A6	
形式评审与响应性评审 A7	
形式评审与响应性评审 A8	
形式评审与响应性评审 A9	
形式评审与响应性评审 A10	
形式评审与响应性评审 A11	
形式评审与响应性评审 A12	
形式评审与响应性评审 A13	

说明：第一个信封初步评审（形式评审与响应性评审）表中的评审因素代码对应本表的评审标准（评审内容）。

主任委员：　　　　　　　　　　　　　　　　　纪检监察：
委　员：　　　　　　　　　　　　　　　　　　行政监督：　　　　　　日期：

表2 第一个信封(商务及技术文件)初步评审表

(资格评审)

项目名称：
标　段：

序　号	编　号	投标人名称 审查内容									
结　论											

主任委员：　　　　　　　　　　　纪检监察：
委员：　　　　　　　　　　　　　行政监督：
　　　　　　　　　　　　　　　　日期：

附件1 评标报告

表3 第一个信封(商务及技术文件)评审通过名单

项目名称：
标 段：

序号	编号	投标人名称

主任委员：　　　　　　　　　　　纪检监察：
委　员：　　　　　　　　　　　　行政监督：　　　　日期：

第二个信封（报价文件）开标记录表

项目名称：
标　段：
最高投标限价：　　　　元
评标基准价：　　　元　　投标报价平均值下浮百分点：

序号	投标人名称	投标报价（元）	是否在投标函上填写了投标报价且大写金额能够确定具体数值	投标报价是否未超出招标人公布的最高投标限价	投标文件的正、副本份数是否满足招标文件规定	备注	投标人代表签名

主任委员：　　　　　　　　　　　　　　　　　　　纪检监察：
委员：　　　　　　　　　　　　　　　　　　　　　行政监督：
　　　　　　　　　　　　　　　　　　　　　　　　日期：

附件1 评标报告

表4 第二个信封(报价文件)初步评审表
(形式评审与响应性评审)

项目名称：
标　段：

序　号														
编　号														
审查内容 \ 投标人名称														
结　论														

主任委员：　　　　　　　　　　　　　　　　　　纪检监察：
委　员：　　　　　　　　　　　　　　　　　　　行政监督：　　　日期：

表5 第二个信封（投标文件）详细评审表

项目名称：
标　　段：

序号	编号	投标单位	投标人评标价（元）	评标基准价（元）	评标价的偏差率	系数E	投标人评标价得分	投标人综合得分	未发现投标人的报价明显低于其他投标报价，使得其投标报价可能低于其个别成本的情形	得分排名

主任委员：　　　　　　　　　　　　　　　纪检监察：
委　　员：　　　　　　　　　　　　　　　行政监督：
　　　　　　　　　　　　　　　　　　　　日　　期：

附件1 评标报告

表6 评审结果汇总表

项目名称：
标　段：

序号	投标人名称	第一个信封初步评审		投标报价（元）	第二个信封评审		投标人评标得分	投标人综合得分	结论	最终排名
		形式与响应性评审	资格评审		初步评审	详细评审				

说明："√"表示通过，"×"表示不通过，"－"表示不进入下一步评审。

主任委员：　　　　　　　　　　　　　　纪检监察：
委　员：　　　　　　　　　　　　　　　行政监督：　　　　日期：

附件 2

采用电子招标投标条款示例

采用电子招标投标时,《新疆维吾尔自治区农村公路工程标准施工招标文件》的相应条款可作如下调整:

第一章 招标公告

第 4 条、第 5 条修改为:

4. 招标文件的获取

4.1 凡有意参加投标者,请在_____电子交易平台(以下简称"电子交易平台",网址:_____)进行网员注册,并领取 CA 数字证书。

4.2 完成网员注册后,请于____年____月____日至____年____月____日,每日____时____分至____时____分(北京时间,下同),通过互联网使用 CA 数字证书登录"电子交易平台",明确所投标段,通过网上银行支付文件费用后下载招标文件、图纸和参考资料。

4.3 招标文件每套售价_____元,图纸每套售价_____元,售后不退。

5. 投标文件的递交及相关事宜

5.1 招标人将于下列时间和地点组织进行工程现场踏勘并召开投标预备会。
踏勘现场时间:____年____月____日____时____分,集中地点:_____;
投标预备会时间:____年____月____日____时____分,地点:_____。

5.2 投标文件应为加密的投标文件。投标文件递交的截止时间(投标截止时间,下同)为____年____月____日____时____分,投标人应在投标截止时间前,通过互联网使用 CA 数字证书登录"电子交易平台",将加密的投标文件上传,并保存上传成功后系统自动生成的电子签收凭证,递交时间即为电子签收凭证时间。逾期未完成上传或未按规定加密的投标文件,招标人予以拒收。

第一章 投标邀请书

第 4 条、第 5 条修改为:

4. 招标文件的获取

4.1 请你单位在_____电子交易平台(以下简称"电子交易平台",网址:_____)进行网员注册,并领取 CA 数字证书。

4.2 完成网员注册后,请于____年__月__日至____年__月__日,每日__时__分至__时__分(北京时间,下同),通过互联网使用 CA 数字证书登录"电子交易平台",明确所投标段,通过网上银行支付文件费用后下载招标文件、图纸和参考资料。

4.3 招标文件每套售价_____元,图纸每套售价_____元,售后不退。

5. 投标文件的递交及相关事宜

5.1 招标人将于下列时间和地点组织进行工程现场踏勘并召开投标预备会。
踏勘现场时间:____年__月__日__时__分,集中地点:_____;
投标预备会时间:____年__月__日__时__分,地点:_____。

5.2 投标文件应为加密的投标文件。投标文件递交的截止时间(投标截止时间,下同)为____年__月__日__时__分,投标人应在投标截止时间前,通过互联网使用 CA 数字证书登录"电子交易平台",将加密的投标文件上传,并保存上传成功后系统自动生成的电子签收凭证,递交时间即为电子签收凭证时间。逾期未完成上传或未按规定加密的投标文件,招标人予以拒收。

第二章 投标人须知

投标人须知前附表相应条款修改为:

条款号	条款名称	编列内容
1.10.2	投标人在投标预备会前提出问题	时间:____年__月__日__时__分 形式:使用 CA 数字证书登录"电子交易平台",在"投标答疑"菜单以书面形式将提出的问题送达招标人
2.2.1	投标人要求澄清招标文件	时间:____年__月__日__时__分 形式:使用 CA 数字证书登录"电子交易平台",在"投标答疑"菜单以书面形式要求招标人对招标文件予以澄清
2.2.2	招标文件澄清发出的形式	通过"电子交易平台"发出招标文件澄清
2.3.1	招标文件修改发出的形式	通过"电子交易平台"发出招标文件修改

投标人须知正文第 2.2.3 项修改为:

2.2.3 招标文件澄清发出的同时,"电子交易平台"以手机短信方式提醒投标人登录平台查看。投标人应注意及时浏览网上发出的澄清,因投标人自身原因未及时获知澄清内容而导致的任何后果将由投标人自行承担。

投标人须知正文第 2.3.2 项修改为：

2.3.2　招标文件修改发出的同时，"电子交易平台"以手机短信方式提醒投标人登录平台查看。投标人应注意及时浏览网上发出的修改，因投标人自身原因未及时获知修改内容而导致的任何后果将由投标人自行承担。

投标人须知正文第 2.4 款修改为：

2.4　招标文件的异议

投标人或其他利害关系人对招标文件有异议的，应在投标截止时间 10 日前以书面形式提出。招标人将在收到异议之日起 3 日内作出答复；作出答复前，将暂停招标投标活动。提出异议与作出答复均应通过"电子交易平台"在"异议与答复"菜单以书面形式完成。

投标人须知正文第 3.6 款修改为：

3.6　投标文件的编制

3.6.1　投标文件应按第九章"投标文件格式"进行编写，如有必要，可以增加附页，作为投标文件的组成部分。其中，投标函附录在满足招标文件实质性要求的基础上，可以提出比招标文件要求更有利于招标人的承诺。

3.6.2　投标文件应对招标文件有关工期、投标有效期、质量要求、安全目标、技术标准和要求、招标范围等实质性内容作出响应。

3.6.3　投标文件的制作应满足以下规定：

（1）投标文件由投标人使用"电子交易平台"自带的"投标文件制作工具"制作生成。

（2）投标人在编制投标文件时应建立分级目录，并按照标签提示导入相关内容。

（3）投标文件中证明资料的"复印件"均为"原件的扫描件"，应从"电子交易平台"会员诚信库中选择并进行超链接，未标示"复印件"的证明资料均应直接制作生成。

（4）投标文件中的已标价工程量清单数据文件应与招标人提供的工程量清单数据文件格式一致。

（5）第九章"投标文件格式"中要求盖单位章和（或）签字的地方，投标人均应使用CA 数字证书加盖投标人的单位电子印章和（或）法定代表人的个人电子印章或电子签名章。

（6）投标文件制作完成后，投标人应使用 CA 数字证书对投标文件进行文件加密，形成加密的投标文件。

（7）投标文件制作的具体方法详见"投标文件制作工具"中的帮助文档。

3.6.4　因投标人自身原因而导致投标文件无法导入"电子交易平台"电子开标、评标系统,该投标视为无效投标,投标人自行承担由此导致的全部责任。

投标人须知正文第4.1款修改为:

4.1 投标文件的加密

投标文件应按照本章第3.6.3项要求制作并加密,未按要求加密的投标文件,招标人("电子交易平台")将拒绝接收并提示。

投标人须知正文第4.2款修改为:

4.2 投标文件的递交

4.2.1 投标人应在第一章"招标公告"或"投标邀请书"规定的投标截止时间前,通过互联网使用CA数字证书登录"电子交易平台",将加密的投标文件上传,并保存上传成功后系统自动生成的电子签收凭证,递交时间即为电子签收凭证时间。投标人应充分考虑上传文件时的不可预见因素,未在投标截止时间前完成上传的,视为逾期送达,招标人("电子交易平台")将拒绝接收。

4.2.2 根据本章第4.1款的规定,投标人递交的投标文件,只要出现应当拒收的情形,其投标文件予以拒收。

投标人须知正文第4.3款修改为:

4.3 投标文件的修改与撤回

4.3.1 在本章第4.2.1项规定的投标截止时间前,投标人可以修改或撤回已递交的投标文件。投标人对加密的投标文件进行撤回的,应在"电子交易平台"直接进行撤回操作;投标人对加密的投标文件进行修改的,应在投标截止时间前完成上传。

4.3.2 投标人修改投标文件的,应使用"投标文件制作工具"制作成完整的投标文件,并按照本章第3条、第4条规定进行编制、加密和递交。对采用网上递交的加密的投标文件,以投标截止时间前最后完成上传的文件为准。

4.3.3 投标人撤回投标文件的,招标人自收到投标人书面撤回通知之日起5日内退还已收取的投标保证金。

投标人须知正文第5.1款修改为:

5.1 开标时间和地点

招标人在本章第4.2.1项规定的投标截止时间(开标时间)和投标人须知前附表规定的地点对收到的投标文件第一个信封(商务及技术文件)公开开标,并邀请所有投标人的法定代表人或其委托代理人准时参加。

招标人在投标人须知前附表规定的时间和地点对投标文件第二个信封(报价文件)进行开标,并邀请所有投标人的法定代表人或其委托代理人准时参加。

投标人若未派法定代表人或委托代理人参加第一个信封(商务及技术文件)开标的,其投标将被否决。投标人若未派法定代表人或委托代理人参加第二个信封(报价文件)开标的,视为该投标人默认第二个信封(报价文件)的开标结果。

投标人须知正文第5.2款修改为:

5.2 开标程序

5.2.1 主持人按下列程序对投标文件第一个信封(商务及技术文件)进行开标:
(1)宣布开标纪律;
(2)公布在投标截止时间前递交投标文件的投标人数量;
(3)宣布开标人、唱标人、记录人等有关人员姓名;
(4)由招标人现场随机抽取的投标人代表抽取评标基准价系数(如有);
(5)投标人代表解密加密的投标文件;
(6)招标人对未成功解密的投标文件进行退回并按本章第5.3款进行补救处理,对已解密成功的投标文件进行二次解密;
(7)导入并读取所有解密成功的投标文件第一个信封(商务及技术文件)的内容;
(8)公布标段名称、投标人名称、投标保证金的递交情况、工期及其他内容,并记录在案;
(9)投标人代表、招标人代表、记录人等有关人员在开标记录上签字确认;
(10)开标结束。

5.2.2 投标文件第二个信封(报价文件)在投标文件第一个信封(商务及技术文件)完成评审前,"电子交易平台"的开标评标系统将不进行读取。

5.2.3 招标人将按照本章第5.1款规定的时间和地点对投标文件第二个信封(报价文件)进行开标。主持人按下列程序进行开标:
(1)宣布开标纪律;
(2)当众拆开投标文件第一个信封(商务及技术文件)评审结果的密封袋,宣布通过投标文件第一个信封(商务及技术文件)评审的投标人名单;
(3)宣布开标人、唱标人、记录人等有关人员姓名;
(4)开标人将所有投标文件第二个信封(报价文件)的内容导入"电子交易平台"的开标评标系统,未通过投标文件第一个信封(商务及技术文件)评审的投标人的第二个信封(报价文件)不予读取;
(5)公布标段名称、投标人名称、投标报价及其他内容,并记录在案;
(6)投标人代表、招标人代表、记录人等有关人员在开标记录上签字确认;
(7)开标结束。

5.2.4 若采用合理低价法,在投标文件第二个信封(报价文件)开标现场,招标人将按第三章"评标办法"规定的原则计算并宣布评标基准价。若招标人发现投标文件出现以下任一情况,其投标报价将不再参加评标基准价的计算:

(1)未在投标函上填写投标总价;
(2)投标报价中的报价超出招标人公布的最高投标限价(如有);
(3)投标报价中报价的大写金额无法确定具体数值;
(4)投标函上填写的标段号与投标文件封套上标记的标段号不一致。

如果投标人认为某一标段的评标基准价计算有误,有权在开标现场提出,经招标人当场核实确认之后,可重新宣布评标基准价。开标现场宣布的评标基准价除计算有误经评标委员会修正外,在整个评标期间保持不变,不随任何因素发生变化。

5.2.5 在投标文件第一个信封(商务及技术文件)或第二个信封(报价文件)开标过程中,若招标人宣读的内容与投标文件不符,投标人有权在开标现场提出疑问,经招标人当场核查确认之后,可重新宣读其投标文件。若投标人现场未提出疑问,则认为投标人已确认招标人宣读的内容。

投标人须知正文第5.3款修改为:

5.3 开标补救措施

5.3.1 开标过程中因本章第5.3.2项、第5.3.3项所列原因,导致系统无法正常运行,将按投标人须知前附表的规定采取补救措施。

5.3.2 因"电子交易平台"系统故障导致投标人无法正常上传加密的投标文件,投标人应打印并递交电子交易平台自动生成的上传失败的异常记录单。

5.3.3 当出现以下情况时,应对未开标的中止电子开标,并在恢复正常后及时安排时间开标:

(1)系统服务器发生故障,无法访问或无法使用系统;
(2)系统的软件或数据库出现错误,不能进行正常操作;
(3)系统发现有安全漏洞,有潜在的泄密危险;
(4)出现断电事故且短时间内无法恢复供电;
(5)其他无法保证招投标过程正常进行的情形。

5.3.4 采取补救措施时,必须对原有资料及信息作出妥善保密处理。

5.4 开标异议

投标人对开标有异议的,应在开标现场提出,招标人当场作出答复,并制作记录,有异议的投标人代表、招标人代表、记录人等有关人员在记录上签字确认。

投标人须知正文第6.3款修改为:

6.3 评标

6.3.1 评标委员会按照第三章"评标办法"规定的方法、评审因素、标准和程序对投标文件进行评审。第三章"评标办法"没有规定的方法、评审因素和标准,不作为评标依据。

6.3.2 评标及补救措施

评标委员会按照本章第6.3.1项的规定在电子评标系统上开展评审工作。如果评标过程中出现异常情况,导致无法继续评审工作的,可暂停评标,对原有资料及信息作出妥善保密处理,待电子评标系统恢复正常之后,应重新组织评审。

投标人须知正文第7.2款修改为:

7.2 评标结果异议

投标人或其他利害关系人对依法必须进行招标的项目的评标结果有异议的,应在中标候选人公示期间提出。招标人将在收到异议之日起3日内作出答复;作出答复前,将暂停招标投标活动。提出异议与作出答复均应通过"电子交易平台"在"异议与答复"菜单以书面形式进行。

投标人须知正文第7.5款修改为:

7.5 中标通知

在本章第3.3款规定的投标有效期内,招标人应通过"电子交易平台"以数据电文形式向中标人发出中标通知书,同时将中标结果通知未中标的投标人。